大学生体质健康成因与健康促进

周皎 著

中国纺织出版社

内容提要

大学生体质健康状况是社会普遍关注的焦点，本书对大学生体质健康成因与健康促进进行研究，涉及大学生体质与健康的基本知识、影响因素、体育锻炼原理与方法、运动处方、医务保障、锻炼方法与手段、不同群体健身方法指导以及大学生体质健康测量与评价等内容。本书内容丰富、观点新颖、语言通俗，能够对大学生体质与健康促进起到积极作用。

图书在版编目(CIP)数据

大学生体质健康成因与健康促进/周皎著. --北京：中国纺织出版社，2015.6(2025.5重印)

ISBN 978-7-5180-1792-8

Ⅰ.①大… Ⅱ.①周… Ⅲ.①大学生一身体素质一健康教育一研究 Ⅳ.①G807.4

中国版本图书馆 CIP 数据核字(2015)第 151857 号

责任编辑：张向红　　责任印制：储志伟

中国纺织出版社出版发行

地址：北京市朝阳区百子湾东里 A407 号楼　邮政编码：100124

销售电话：010—67004422　传真：010—87155801

http://www.c-textilep.com

E-mail：faxing@e-textilep.com

中国纺织出版社天猫旗舰店

官方微博 http://www.weibo.com/2119887771

河北晔盛亚印刷有限公司印刷　各地新华书店经销

2015 年 9 月第 1 版　2025 年 5 月第 2 次印刷

开本：710×1000　1/16　印张：16.75

字数：217 千字　定价：98.00 元

前　言

近几年，大学生体质健康面临着严峻的形势，具体表现为：大学生体质健康积极性变化十分脆弱，而且积极性变化也是在较低水平上的状态性好转，难以维持上升势头；超重和肥胖问题在大学生中增长加快；视力不良率比例仍在快速攀升。而且，大学生体质健康连续多年呈下滑趋势，这一趋势不仅没有得到遏制，甚至大学生的很多测试指标都不及中学生。

面对以上大学生体质健康形势严峻的问题，教育部表示，将对高校体育工作实行专项督导，对学生体质健康水平持续三年下降的地区和学校，在体育工作评估和评优评先中实行"一票否决"。而且，为了对"健康第一"的指导思想进行贯彻与落实，切实加强学校体育工作，提高学生积极参加体育锻炼的主动性，使其养成良好的锻炼习惯，提高其体质健康水平，教育部专门印发了《国家学生体质健康标准(2014 年修订)》，明确表示大学生在毕业时，倘若体育测试不达 50 分，不能领取毕业证。可见，国家对大学生体质健康十分关注与重视。

为了积极响应教育部的号召，查明导致大学生体质健康下降的主要原因，指导大学生通过参与锻炼来提高自身的体质健康水平，特撰写《大学生体质健康成因与健康促进》一书。

为了保证本书的逻辑性与合理性，特将本书分为八章。第一章为大学生体质与健康的基本知识研究，主要内容包括体质与健康的概念、体质与健康的关系辨析以及国内外关于体质健康的研究。第二章为影响大学生体质健康的因素分析，先阐述了当前大学生的体质现状，然后分别对影响大学生体质健康的遗传、环境及锻炼因素进行了详细的阐述。第三章为大学生体育锻炼促健康的原理与方法研究，重点阐述了大学生体育锻炼促健康的基本理论研究、基本常识以及原则与方法。第四章是促进大学生体质健康的运动处方研究，主要内容有运动处方的概述、制定步骤及原则、实施与监控以及提高大学生身体素质的运动处方研究。第五章是促进大学生体质健康的医务保障研究，重点对体育锻炼的疲劳与恢复措施、体育锻炼与营养补充以及运动损伤及处理方法进行了详细阐述。第六章是促进大学生体质健康的锻炼方法与手段研究，分别阐述了健身走、健身跑、休闲球类运动以及健美操等手段与方法。第七章是不同大学生群体的健身方法指导，重点阐述了针对减肥塑身群体、强身健体群体、患病群体以及体态矫正群体等四类群体的科学健身方法。第八章是大学生体质健康的测量与评价研究，具体对人体形态、身体机能以及身体素质的测量与评定进行了研究。

总体来看，本书具有理论性强、逻辑清晰、结构完整、内容丰富等优点。这些优点有利于指导大学生利用身体锻炼来达到提高体质健康水平的目的，从而促进大学生身心素质的全面提高。

本书在撰写过程中，参考与借鉴了许多专家、学者的理论和数据资料，在此向他们的辛勤付出表示衷心的感谢。由于水平和精力所限，书中难免有错误存在，敬请广大读者批评指正。

作者
2015 年 6 月

目　录

第一章　大学生体质与健康的基本知识研究

健康的体质是人们日常生活、工作、学习和劳动的重要基础和前提，这对于大学生来说也是非常重要的。本章就体质与健康的概念、体质与健康的关系以及国内外对体质健康的研究情况进行了阐述。

第一节　体质与健康的概念

一、体质的概念

通常所说的体质，即人体的质量，它是在先天遗传性和后天获得性的基础上，人体所能表现出来的身体素质、形态结构、生理功能、运动能力和心理发展等各方面相对稳定的、综合的特征。体质的内容包括人的体能、性格、精神状态、生理机能和适应能力等的发展水平。先天遗传性和后天获得性是决定人体质量好坏的两个重要因素。其中，先天遗传性是指对人的生长发育变化产生影响的先决条件，如相貌肤色、身体素质、性格特征、形态结构等，这些都会受到先天遗传的影响；后天获得性是指由体育锻炼、营养状况、地区气候、劳动条件和社会环境，保健和卫生医疗等构成的影响人体发展变化的后天条件。从定义中可知，体质是人进行生命活动和工作，甚至是延年益寿的物质基础，而强健的体质是人体活动能力的基本条件。

(一)体质的科学内涵

从体质的内涵来看,人是一个相互密切协调的、统一的有机整体,体质便是这个有机整体中各种能力的综合体现。体质既是人们工作、学习、生活的物质基础,同时也是社会发展和经济发展的一种重要的潜能。

与动物有着本质不同的是,体质的内涵重点强调了在体质发生和发展的过程中,身体和心理两个方面的密切联系。

体质的内涵在对先天遗传因素的作用进行承认的同时,也强调了后天因素在体质塑造中的重要作用。由于种族、民族、地域、性别、年龄的不同,人群和个体的体质发展表现出明显的规律性和特殊性,而并不是完全相同的形式。

体质的内涵强调要综合地对体质状况进行评价。

从体质的内涵来看,身体素质和运动能力是生理功能和体格发育的外在表现,进行科学、合理的体育锻炼对体格的发育和生理功能的能动作用有着很好的促进作用。体质对于全民健身事业的发展和群众体育活动的开展都具有非常重要的意义。

随着社会科技的快速发展,以及人们认识水平的不断提高,人们对体质的概念及其范畴也有了更深入的见解。体质概念在任何一个时期,既不是人们认识的终结,也不是真理的穷尽,而只是对当时现实的概括。由此可见,随着人们认识水平的提高,体质的内涵也随之得到不断的发展。

对体质进行研究,是一个非常复杂的系统工程。对体质进行研究的过程是无穷尽的,而就体质研究领域来说,各个学科都是纵横相互交错,之间的联系非常紧密。所以,跨区域、跨专业、跨学科对体质进行综合的研究是非常必要的。当然,这并不是要排除深入研究,对于某些课题来说,进行单一学科和局部范围内的深入研究也是必不可少的。但要做好与其他学科和科学进行联系,对其他研究领域的知识和研究成果进行借鉴和应用,以更好地避免片面性。

（二）理想体质

在体质的形成、发展和消亡的过程中，人体的体质表现出明显的阶段性和个体差异性，表现出各种不同的体质水平，如从健康状态到功能障碍，甚至是严重疾病状态，从一般功能状态到最佳功能状态。理想体质是指在不同的状态中，人体体质所表现出来的较高水平和较高层次。这种理想的体质有着非常明显的人群特征，如职业、种族、性别和年龄等。理想体质是在遗传的基础上，经过后天物质生活条件的不断改善，以及有目的、有计划地进行科学的身体锻炼等，最终达到的全面良好的状态。这种理想体质主要表现在以下几个方面。

（1）身体健康，主要是指人体各脏器没有疾病。

（2）体格健壮、体型匀称，身体形态发育良好。

（3）运动系统、呼吸系统和心血管系统具有良好的生理机能。

（4）具有较强的工作能力和运动能力。

（5）健身的心理，具有坚定的意志和乐观的情绪，有着较强的抗刺激和抗干扰能力。

（6）具有较强的适应自然环境和社会环境的能力。

综合可知，要想对理想体质进行客观评价，就必须要采用多指标进行全面综合的评价。评价一般以同一总体人群的前20位数（即该人群处于第80％百分位数以上）的数据建立理想体质的评价标准。

二、健康的概念

（一）健康的定义

在现代社会中，人们所认识的健康已经不再只是传统意义上的身体没有疾病。世界卫生组织将现代健康定义为：健康并不是单指一个人身体没有疾病或虚弱现象，而是指在身体、心理、社会与自然和谐统一的完美状态”，也就是说一个人只有在身体、心理、社会适应和道德四个方面都处于完美状态才能算是完全健康的人。从定义来看，现代健康更加广泛和多元，它同时包含了生理、心理和社会适应性三方面。一个人的社会适应性取决于其生理和心理的素质状况，身体健康是心理健康的基础，同时心理健康又是身体健康的精神支柱。一些心理问题的出现是随着生理状况的改变而产生的，如疾病或生理缺陷，特别是痼疾，很容易使人产生烦恼、抑郁、焦躁、忧虑等不良情绪，从而导致各种不正常心理状态的出现。情绪的好坏会对人的生理功能产生影响，如良好的情绪状态可以使人的生理功能达到最佳状态；反之，就是使人体的某种生理功能降低而引起疾病。要想做到身心统一，就必须做到身体和心理两个方面紧密依存。

（二）健康的分类

根据现代健康的定义，可将健康分为身体健康、心理健康和社会健康（社会适应性）三种，具体如下。

（1）身体健康：是指人的身体生长发育正常，能够抵抗一般性感冒和传染性疾病，有着良好生活习惯和生活节奏，主要表现为体态匀称，食欲好，睡眠好，气色佳，有精神，不易感到疲劳，具有良好的体能，能够满足日常生活的需要和完成各项活动。

（2）心理健康：就心理健康的含义来看，其有狭义和广义之分。从广义的层面来看，心理健康是指一种高效而持续的、满意的心理状态。狭义层面上的心理健康是指一个人的基本心理活动过程内容完整、协调一致，即人的情感、行为、认识、意志、人格完整和协调，在适应社会的同时，能够与社会保持同步。

确切地说，所谓心理健康就是指一个人在生理、心理方面与社会处于相互协调的和谐状态，主要表现在以下几个方面。

①智力正常：是人们日常生活、工作、劳动和学习所必须具备的最为基本的心理条件。

②情绪愉快与稳定：这是一个人心理健康的重要标志，它意

味着一个人的机体功能协调，表明其中枢神经系统处于相对平衡的状态。

③行为协调统一：人的意识支配人的行为，思想与行为统一、协调，同时具有自我控制的能力。当一个人表现为思想混乱、注意力无法集中，做事杂乱无章，语言支离破碎时，就表明其意识和行为产生了矛盾，这时就需要进行心理调节。

④和谐的人际关系：现代社会生活中，人要善于与他人友好相处，建立起和谐的人际关系。一个人的心理健康状态往往可以通过其交往活动来表现出来。和谐的人际关系不仅是对心理健康进行维持的必要条件，而且也是重获心理健康的重要方法。

⑤良好的社会适应能力：人们生活在纷繁复杂、变化万千的大千世界之中，这就注定人一生之中会遇到各种的挫折和困难，以及环境的变化。只有具备了良好的适应能力，才能够应对和适应现实环境的变化。当然，并不是在每个方面都能对心理健康有所体现。在社会生活实践中，只要能够对自我有正确的认识，能够自觉控制自我，正确的看待和对待外界，使心理保持平衡和协调，这便具备了心理健康的基本特征。

(3)社会健康：是指个体与社会环境、个体与他人之间的相互作用，同时具有实现社会角色的能力和良好的人际关系，又称为“社会适应性”。目前，尚未对社会健康所包括的内容做出统一的定论。《体育运动与大学社会适应能力的关系研究》(肖丽琴，2007)将社会适应能力划分为：学习能力、独立能力、人际关系、自我归属、耐挫力、道德规范、心理压力、合作竞争八个维度。一个具有良好的社会适应能力的人在社会交往中往往表现为与人友好相处，心情舒畅，少生烦恼，有自信感和安全感；知道如何结交朋友、维持友谊，知道如何帮助他人或向他人求助，能聆听他人的意见，表达自己的思想，能以负责任的态度行事，并且能够在社会中找到适合自己的位置。

从某种意义上来说，一个人社会适应能力的高低可以表明其成熟程度。对于大学生来说，具备良好的社会适应能力对其步入社会,谋求生存和发展具有重要的意义。

(三)健康的评价标准

世界卫生组织对衡量是否健康制定了10项标准,具体如下。

(1)有充沛的精力,能够从容地应对工作和日常生活。

(2)积极的态度,能够乐观处事,愿意承担任务,不挑剔。

(3)具有良好的睡眠,善于休息。

(4)应变能力较强,对环境的各种变化能够适应和应对。

(5)对一般感冒和传染病有着较好的抵抗力。

(6)体重正常、体型匀称,并且身体各部分比例协调。

(7)眼睛明亮、反应敏锐,眼睑不发炎。

(8)牙齿牙龈正常,无蛀牙,没有疼痛感,牙齿洁白、无缺损。

(9)头发无头屑、光洁。

(10)走路轻松、有活力,肌肤有弹性、有光泽。

另外,世界卫生组织也对身心健康提出了新标准。

(1)生理的健康标准:“五快”,即快食、快语、快走、快便和快眠。

①快食是指胃口好,吃饭迅速,不挑食,表明人体内脏功能正常。

②快语是指语言表达准确、清晰,说话流利,这表明心肺功能正常,思维敏捷。

③快走是指行动自如,步伐矫健,说明身体状况良好,精力充沛。

④快便是指大小便通畅,便时无痛感,便后感舒服,说明人的肠胃功能良好。

⑤快眠是指入睡快,睡眠质量高,醒后精神状况良好,说明人体神经中枢系统的兴奋与抑制功能协调,内脏无病理信息干扰。

(2)心理的健康标准:是指良好的个性、良好的处事能力和良好的人际关系,即“三良好”。

①良好的个性是指心地善良,处事乐观,为人谦和,正直无私,情绪稳定。

②良好的处事能力是指沉浮自如,客观观察问题,有良好的自控能力,能较好地适应复杂的环境变化。

③良好的人际关系是能够助人为乐，不过分计较小事，待人接物宽和，与人为善。

（四）亚健康

作为一个新概念，新的医学理论，亚健康是社会和科技的快速发展，以及人们生活水平提高的产物。在现代社会生活中，人们不健康的生活方式和社会压力的不断增大，对亚健康的产生有着直接的影响。作为一种状态，世界卫生组织将亚健康定义为：处于健康与疾病之间的一种临界状态，换句话说，虽然通过各种医学仪器检验，结果是阴性的，但人体的各个系统仍然有不适感。

亚健康主要表现为以下几个方面。

(1)由于长期的精神紧张、脑力劳动过度所造成的疲劳综合征，如失眠、健忘、心悸、胸闷气短、精力不足、注意力分散，遇事紧张，颈、肩、腰背酸痛等。

(2)重病恢复期以及长期慢性病所引起的各种不适等。

(3)由于内分泌失调、更年期综合征及人体衰老所引起的盗汗、抑郁、头晕、目眩、烦躁、潮热、月经不调、性机能减退等。

根据亚健康的各种表现，从中医理论的角度来看，亚健康是“虚劳症精气不足型”。中医主要是采用补气、强神、生血、填精、壮肾阳等手段来调理心、肝、脾、肾五脏功能和人体的阴阳气血，并使之逐渐恢复到正常的状态，克服“虚劳症”。

第二节　体质与健康的关系辨析

一、体质与健康相互区别

体质与健康是从不同的范畴、不同的侧面来对人体的状况进行探究的两个相互关联的概念。从概念的外延来看，体质只是健康的一个方面，而健康内在地包含着体质，增强体质和增进健康是相互一致的，体质的增强最终是为了增进健康，而人们的最终目标便是增进健康。健康更加侧重与强调对自然环境和社会环境的适应、疾病的预防、卫生保健、心理卫生，以及对生活方式的影响等。

二、体质与健康相互联系

随着时代的不断进步与发展，人类对体质健康的理解更加深入，同时对体质健康的全面测试和评价也进行了不断的探索和研究。人的体质强弱和健康状况的好坏都与人体的形态发育、运动能力、心理状况、生理机能等有着直接的联系；体质，即人体的质量，它是所有生命活动的重要物质基础，而健康是体质状况的表现和反映。由此可知，体质是健康的基础和前提，通过采用各种手段和方法来增强体质，其最终目的是为了增进健康，更好地享受生活。

体质与健康有着一定的相关性，但并不是线性关系。对于健康的人来说，他们的体质可能存在着很大的差别，而对于体质相近的人来说，他们的健康状况也有着很大的不同。例如，从客观来讲，一个身心、社会都处于良好的状态，但在主观上总是担心自己有什么疾病，又或者从主观上来讲，一个人自我感觉良好，但客观上却存在中某种疾病，这些都是不健康的。对于学生来说，通过进行身体运动锻炼和医疗保健，增强体质，最终目的是为了改善自身的健康状况，使生活更加幸福、快乐。在《国家学生体质健康标准》指导下，对于体质健康的理解，可以分为二位一体的一个概念，也就是说，大学生的健康状况通过大学生体质测试成绩等级来说明。体质健康突出问题大学生的体质健康水平是从身体机能、身体形态、身体素质、常见病等方面来进行综合评定的。

第三节 国内外关于体质健康的研究

一、国外关于体质健康的研究

从目前来看，所有从事体质测试的国际组织和国家（地区）都对国民体质健康的研究非常重视，并且在对体质健康的相关概念进行解释和指标的选择方面都想尽力取得一致，但是由于各个国际组织和国家（地区）之间存在着不同的观点、习惯、特点，以及对体质健康测试的目的任务也有所不同，这就导致在测试指标的选择上存在着较大的不同。随着现代社会经济的迅速发展，人们的物质文化生活得到不断丰富，这也使得各种文明病随之而来，对人类的健康造成了非常大的威胁。因此，健康越来越受到世界各个国家的关注，作为对健康进行衡量的重要内容，体质也必然受到关注和重视。很多国家都想通过关注和重视体质健康研究来更好地解决国民的健康问题。美国、日本等国家从 19 世纪末就率先开始以学生体质健康测试来进行研究，经过一个多世纪的发展，各个国家的体质健康研究都呈现出相同的发展趋势和独特的特点，这种特点主要体现在体质健康的概念、体质健康的评价内容、体质健康的测试指标，甚至是学校体育的改革及全民健身计划的实施等。

（一）日本体质健康评价标准的变革

作为世界上有关青少年儿童体质调研资料最全的国家，日本将体质定义为体力，从 1898 年开始，这 100 多年来，已经积累了关于青少年生长发育的全部资料，这些研究资料都突出了反映出当时的政治环境和经济环境。从整体上来看，这个过程大致可分为以下三个阶段。

第一阶段是1945年以前，即战争酝酿阶段：1879年（明治十二年），日本就已对部分学生的身体活动能力进行了调查，主要是对八大项指标进行了检测，即胸围、身高、体重、上臂围、下肢围、握力、肺活量和饮食量，之后又增加了对疾病状况和力量（悬垂屈臂）的检查。为了实现对外扩张，1939年因战争需要而进行了日本历史上最大规模的国民体质测定。

第二阶段是1945—1960年，即战后调整阶段：在战败之后，日本为了使国民体质健康得到更好、更快的恢复，便对其国民进行了“体力测定”，如分别在1949年、1952年、1953年、1954年、1957年、1959年均对8—18岁的男、女青少年的跑、跳、投、悬垂和灵活性进行了测定。

第三阶段是1960年以后，即快速发展与改革完善阶段：从1970年开始，在社会经济突飞猛进和科技水平不断提高的背景下，日本社会开始向着多样化、信息化、国际化、老龄化的方向发展，日本国民的体质健康受到了一定的影响，同时科技水平的提高和良好的社会环境也为研究国民体力和学校体育的变革提供了便利的条件。1936年，日本文部省针对6—9岁的学生颁布了《小学低、中年级运动能力测验实施要案》，随后在1964年，开始针对10—29岁的小学高年级、初中、高中、中等专业学校、短期大学、大学和劳动青年颁布与之相对应的运动能力测验实施要案。在这些要案中，均明确表明10—29岁的青少年必须要进行“运动能力测试”和“体力诊断测试”。1967年，开始针对30—59岁的壮年人群进行体力测定，同时对国民体质健康测试的开放性更加重视，在每年的5—6月份都会在全国范围内按照相应的实施要案统一对国民进行体力测定，并且文部省每个年度都要提出《体力、运动能力报告书》，来对全国体力测定的概况和结果进行公布。一直施行到1999年，进行了相应的修改，开始采用新的测试指标。

与过去测试指标相比，新的测试指标主要有以下几个方面的变化。

(1)测试指标的数量减少,如 10—29 岁年龄段的青少年测定指标原有 14 项,而新施行的测试指标在各个年龄阶段中规定了 5～8 项。

(2)将仰卧起坐、坐位体前屈和握力设置为各个年龄组通过的测试指标。

(3)对各个年龄组进行了重新划分,共分为四段,即小学、中学、20—64 岁、65—79 岁,同时对低年龄段的跨度进行了加大。

综上可知,日本将体质称为体力,并且对于国民体力的测定与研究至今已有 100 多年的历史。日本学者又将体力分为行动体力和防御体力两类。随着学校体育教育的不断发展和改革,以及国民体育观念的转变,体力的测试指标也不断地修正和完善。1996 年,"关于体力调查方法研究委员会"在日本文部省成立,开始研究现在的体力测试指标,并于 1998 年制定出新的体力测试指标,1999 年起开始正式实行这些新的测试指标,如表 1-1 所示。

表 1-1 日本青少年新旧体力测试指标对比

旧测试指标	新测试指标
引体向上 急行跳远 50 米跑 1 500 米跑 台阶实验 纵跳	反复横走 男子 1 500 米快走或跑;女子 1 000 米快走或跑 或可选择 20 米往返跑 坐位体前屈或仰卧起坐或握力 立定跳远

在新的测定体力的指标体系中,增添了关于健康评价的内容,将引体向上、台阶试验等测试指标删除,从而减轻了测试实施工作的负担。在对耐力进行测试的项目中,除了男子 1 500 米、女子 1 000 米快走或跑外,还可以选择 20 米往返跑,这也使得测试更加安全、有效,同时也进一步提高了受试者的兴趣;将仰卧起坐、坐位体前屈、握力设置为各个年龄组的通用测试指标,这样做

既有利于进行纵向的比较，也更加有利于进行评价。之所以取消台阶试验，一是日本专家认为由台阶评定指数所反映出来的耐力有效性较低，此外，学生的腿长会逐渐不断增加，如果使用同一高度的台阶适应，与过去的数据可比性较差。

（二）美国体质健康评价标准的变革

作为世界上经济和科技都十分发达的国家，美国对国民体质健康的研究给予了高度的关注和重视。在体质健康研究方面，美国紧密结合学校的体育课程，并且在各个州、各个学校均实施各具地方特色的健身计划，从而进一步推进国民健康。从整体上来看，大致可分为以下三个阶段。

第一阶段是 1958 年以前，即引起重视阶段：从 19 世纪 80 年代后期，Fitness Test 体质测试就在美国的许多学校进行。而 1954 年由 Krus 所采用的 Krus—Weber 测试最为引起重视，出现了使艾森豪威尔总统震惊的报告，青年体质总统委员会（现已更名为体质与运动委员会，PCPFS）随后成立。各个组织联盟于 1958 年共同设计了 50 码跑、600 码跑、往返跑、仰卧起坐、引体向上、立定跳远、垒球掷远七项指标，并以此来对全国青少年体质进行普查。同时，在全国范围内也开始启动了对相应的测试指标和锻炼标准进行研究。

第二阶段是 1959—1985 年，即争鸣阶段：美国在 1958 年以后，分别于 1965 年和 1975 年进行了全国性的普查，并在此期间，美国相应的机构对体质的定义、研究内容、测定指标的设置等进行了讨论，同时对之前过度重视运动能力的测试提出了各种问题，认为垒球掷远主要反映的不是个人力量，而是投掷的技巧。1975 年，取消了穿梭跑和垒球掷远，并且认为 600 码跑不能用于心肺功能的测试。通过激烈的讨论之后，美国体育、娱乐、卫生、舞蹈联合会对 Fitness 做出了新的解释，并修订了测试指标。50 米冲刺跑和立定跳远在 1985 年也被取消，最后将 1 分钟跑或 9 分钟跑、直腿坐位体前屈、仰卧起坐、三头肌和肩胛下肌测定四项作为新的测定指标。同时，“有关增强体质与预防疾病的国家标准”也于1980年公布。1985年，在联邦健康部门的资助下，体质与运动委员会对全国学校人口体质再一次进行了普查。之后，便每隔10年对青少年进行一次体质普查。

第三阶段是1985年以后，即规划发展目标阶段：美国从1985年开始便制定了发展目标，新的《最佳健康计划》于1988年开始推行，其测试项目主要有心肺功能的测试——1分钟跑或走；肥胖等的测试——身体密度指数、皮质厚度等；柔软度测试——直腿坐位体前屈；肌肉耐力和力量测试——引体向上。1990年，美国又提出了一项“2000年健康人”的十年规划，以此来督促国民参与体育运动锻炼，以期促进国民体质水平的全面提高。

在体质健康研究方面，美国有着很长的研究历史，其中不乏先进的实验方法和精辟的学术思想。“体质”，其英文名为Fitness，美国的健康、体育、娱乐、舞蹈协会将Fitness解释为表现一个人能有效活动程度的一种状态。Clarke对Fitness的定义进行了简化，认为Fitness就是人们能够精力充沛地完成日常的工作而不会感到过度疲劳的一种体力状态。美国著名的生理学家Cureton于1945年归纳出了Fitness的三个要素，即体格、机能能力、运动能力。随着时代的不断发展，Fitness的概念也随之发生了演变。其中，与之相对应的身体素质的测定指标体系，最初也只是局限于运动能力方面，主要是用来对跑、跳、投的熟练性进行测量。20世纪60至70年代，针对身体素质测定的内容，美国体育界进行了长期的争论，最后认为身体素质包括两个层面的含义，一是与运动成绩提高有关的运动素质；二是与增进健康有关的健康素质。高水平的上肢力量、爆发力和速度与人体的健康并没有非常直接的关系。也基于此，增加了能够反映心血管功能的1英里跑和能够反映腰背柔韧性的直腿坐位体前屈，如表1-2所示，逐步完成由对运动技术指标进行测试过渡到对健康指标进行测试。

表 1-2 美国青少年新旧测试指标对照

旧测试指标	新测试指标
50 米跑 往返跑 立定跳远 悬垂 仰卧起坐 投实心球 600 码跑	1 英里跑或走 皮脂厚度、身体密度指数 坐位体前屈 引体向上

从目前来看，1 英里走或跑、体脂含量、身体质量指数、仰卧起坐、坐位体前屈、曲臂悬垂、引体向上是美国在体质健康测试方法中普遍使用的测试指标。另外，1998 年，美国的健康、体育、娱乐、舞蹈协会公布了另一个测试方法 Physical Test，其测试内容主要有 1 英里走或跑、皮脂厚度、身体质量指数、引体向上和坐位体前屈。从这两组测试指标中可以看出，这些指标均与人体的健康有关，可以将其归纳为肌肉耐力和力量、心肺功能、身体组成和身体柔韧性四个方面，这四个方面的良好状态，为人们能够安全地从事肌肉活动提供了重要保证，即具备优良的体质健康水平。

（三）法国体质健康评价标准的变革

19 世纪后期，体力测定法便在法国开始施行。体力测定的早期目的便是为了战争、防御等，之后逐步发展成为增进国民健康、增强国民体质，促进经济发展的一种有力的措施。1956 年，针对学生的体质健康，法国制定了《体育及格测验标准》，并于 1975 年进行了相应的修改，将其定名为法国《青少年身体测验标准》。20 世纪 50 年代，以运动素质为主的身体素质测定是《体育及格测验标准》的主要内容。因此，它几乎包括了身体素质的各个方面，无论是形式还是内容都与运动成绩的提高紧密联系在一起。法国于 20 世纪 70 年代中期将身体素质分为两个不同的概念，一是将与运动成绩的提高有关的各种身体素质称为运动素质;二是将身体素质中与增进健康和预防疾病有关的素质称为健康素质。

在对身体素质的划分方面,也由单纯地进行身体素质测试转变为身体健康测试。经过几年的争论,这种新观念在法国最终得到广泛承认。1980 年,新的《体质健康测试》法由法国的卫生、体育、娱乐和舞蹈联合会进行公布。这种新的测试法的倡导者认为,运动素质与健康素质的区别主要表现在:运动素质是运动员所必备的重要素质,而健康素质是每个人都需要的;爆发力、速度等运动素质与遗传因素有着很大的关系,而健康素质具有很大的后天可塑性。相关研究表明,每个人经过相应的锻炼都能得到与良好健康水平相一致的素质水平。由此可见,这种新测试法是以科学为基础,通过鼓励青少年积极地参与体育锻炼,努力提高健康素质,不断增进身体健康。法国《体质健康测试》的主要测试内容包括 1.5 英里跑或 12 分钟跑;直腿体前屈;1 分钟仰卧起坐;三角肌、肩胛下肌测定。素质内容主要有肌肉力量/耐力柔韧性;体脂百分比;心肺功能/耐力。

二、国内关于体质健康的研究

(一)港澳台地区对“体适能”的研究概况

体适能(Fitness)概念最早是由美国科学家提出的,从广义上讲,它是指人体适应外界环境的能力,是健康概念的一种延伸。Fitness 一词很早就出现在英文文献中,台湾、香港的运动生理学界在 20 世纪 80 年代初率先将这一名词翻译为“体适能”。构成体适能的要素包括:肌力耐力、心肺耐力、神经肌肉松缓能力、柔软度、身体组合、抵抗疾病的能力。体适能因个人的需求不同分为运动体适能和健康体适能。运动体适能主要包括:爆发力、反应、速度、灵敏性和协调性等素质,这是在竞技比赛中运动选手为夺取最佳成绩所追求的体适能;健康体适能主要包括:肌肉力量、耐力、体脂成分、心血管耐力及柔韧性等素质，这是一般人为了促进健康、预防疾病并提高日常生活、工作和学习效率所追求的体适能。显然，对于青少年学生而言，健康体适能才是他们所需要的。

由于受到欧美教育思想的影响，台湾对健康与体质的理解完全接受了美国的观念。根据体适能的观点，美国健康教育、体育、休闲、舞蹈学会对健康提出了整体性的概念，认为人体健康是由体适能、精神适能、社会适能、情绪适能、文化适能五种成分的安适状态所构成，这五种适能彼此相联系，但又各自独立，对个体的发展和生活品质产生影响。台湾地区体育行政管理部门非常重视学校体育，并制定了有关学校体育的法规制度和计划，如《提升学生体适能中程计划(333 计划)》《体适能优异学生奖励要点》和《各级学校体育实施办法》等。测试目标与学生的健康体适能的发展基本上是一致的。身体成分指标(身高/体重)、心肺功能指标(台阶实验)、坐位体前屈、肌力、耐力都是健康体适能的构成要素。可见，实施《标准》的基础就是要大力发展学生的体适能。

(二)大陆地区体质健康研究的探索与实践

我国非常重视对国民体质健康的研究，这从政府所颁布的各项法规、政策，以及国家领导人讲话到国民体质测评工作的规模、要求等都能充分地体现出来。我国体质健康研究的探索与实践过程大致可分为以下三个阶段。

第一阶段是 1949 年以前，即测试探索阶段：在近代中国历史中，由于受到外国列强的侵略，我国国民的体质非常衰弱，被称为“东亚病夫”，所以倡导“强国强民，尚武救国”，并确立了学校体育在学校教育中的重要地位，我国许多学者对我国部分青少年儿童的身体发育做了调查。但由于受到社会各种因素的制约，测试样本和指标并不能够反映出中国青少年儿童的身体特点。

第二阶段是 1949—1978 年，即体质研究的酝酿阶段：我国在这一阶段先后进行的有规模的体质测试就达到 15 次之多，共测试了40多万学生，并且学校也将“增强学生体质，促进学生身心健康”作为根本任务，但该阶段并没有对体质健康做出明确的界定，其所包含的内容也是非常模糊的，并受到政治、经济和社会等因素的影响，或年龄不齐，或测试指标太少，或缺乏统一组织、统一方法与要求等问题，这些材料并不能进行相互比较，也就无法得到能够代表中国人身体发育特点的综合资料。

第三阶段是1979—2000年即规范化阶段：我国社会和经济状况在党的第十一届三中全会后发生了非常大的变化，通过相关部门和研究机构也对国民体质的研究工作进一步加强。在1979年对全国16省（市）大规模体质测试的基础上，于1985年、1991年和1995年由我国原国家体委、教育部和卫生部等部门联合组织，对我国7—22岁学生进行了形态、素质、机能和健康等20多项指标的大规模体质调研，同时，每年还进行小规模的抽样测试，且从1979年以后，每5年就对其做大规模测试；1997年还对我国成年人第一次进行了大规模的体质调研；此后，2000年又进行了有史以来年龄最齐（3—69岁）的国民体质调研，并在测试中增加了问卷调查，从而加快了我国体质研究的发展。在研究论文的数量、质量、方法等方面都取得了可喜的成果，并推动了我国学校体育改革和《全民健身计划纲要》的实施。在学校实施《国家体育锻炼标准》的基础上，《学生体质健康标准》已开始试行，测试评价的指标也从身体运动素质指标向健康素质指标过渡。这些都充分说明我国对体质健康的研究已经进入了一个新阶段。

（三）我国不同时期体质健康研究成果

随着我国社会科技水平的不断向前发展，以及学校体育卫生工作的开展，对学生体质健康的研究工作也随之而展开。新中国成立以后，当地政府对学校体育卫生工作和青少年学生的身体健康给予了高度的重视和关心。毛泽东主席分别于1950年和1951年先后给当时的教育部长马叙伦写信，做出了“健康第一，学习第二”的重要指示。1952年，《学校体育工作暂行规定》由教育部和国家体委联合颁布。国家体委根据我国国情，通过参照苏联模式，于1956年制定并公布了《准备劳动与保卫祖国体育制度》（以下简称《劳卫制》）。十年动乱中，使得学生体质出现大幅度的下滑。1975年，国家颁布并实施了《国家体育锻炼标准》，以更好地促进青少年积极地参与到体育锻炼中，增强体质。之后分别于1982年和1990年对这一标准进行了两次修改。《大学生体育合格标准》于1990年颁布并实施。1991年颁布实施了《小学生体育合格标准》，1992年颁布实施了《中学生体育合格标准》。通过这些政策和标准的颁布实施，我国学校体育工作得到了更好开展，同时也大大激发和调动了青少年学生参与体育锻炼的热情。

国家体委、教育部、卫生部于1979年联合进行了我国首次统一计划、统一组织的青少年、儿童身体形态、素质、机能的调查研究。中国体育科学学会体质研究会于1981年12月成立。1985年对全国学生体质进行调研。1994年对全国职工体质进行调研。2000年国家体育总局会同10个部位对我国31个省市区进行了第一次全国年龄段国民体质监测工作。2005年进行了第二次监测。通过1979年、1985年、1991年、1995年和2000年有关全国大学生体质健康状况的五次大规模的调研结果表明，我国大学生在体重、身高、胸围和营养状况方面有所提高，并且几种常见疾病的患病率下降，但学生的肺活量、体能素质却持续下降，近视眼患病率和肥胖率不断上升。作为我国学校体育工作评价的一项硬性指标，《国家体育锻炼标准》与我国学校体育改革的发展越来越不相适应。在内容设置方面，《国家体育锻炼标准》受竞技体育的影响较大，所以，成绩达标只能是对身体素质发展水平的反映，但并不能反映出身体机能发展水平和体格发展水平。目前，学校体育中的“达标测试”“结构考核”“体育合格标准”，以及初中毕业生升学体育考试，不但有着非常烦琐重复的内容，而且还存在着很多弊端。因此，这就需要制定一个比较科学、全面、简单、实用的学生体质健康标准，并做到“一标多用”。

如表1-3所示，通过对《国家体育锻炼标准》《大学生体育锻炼标准》《中学生体育合格标准》《大学生体育合格标准》在具体执行的过程中所取得的成绩和存在的问题进行认真的总结，并根据学生体质调研所反映出来的近视眼患病率增高体能素质和心肺功能下降等现状，通过参考国际上与之有关的先进做法和成功经验，以健康素质作为主要的指标来建立新的评价体系。这一标准的颁布能够实现一标多用，是激励学生参与身体锻炼的教育手段，而不是为了测试而测试。在评价中采用个体评价的标准，能够更为清晰地看出学生存在的个体差异和自身不足之处，这对通过测试促使学生积极地参与体育锻炼是非常有利的。通过体育锻炼来改善身体的健康状况，从而促进身体健康发展。与以前的学生体质健康评价标准相比，这一评价体系有助于促进青少年学生更好地参与到体育锻炼中，并使他们成为具有正确体育意识和健康生活方式的高素质人才，从而发挥学校体育在促进国民健康方面的作用。

表 1-3　我国青少年新旧测试指标对比

旧测试指标	新测试指标
100 米跑 男子 1 500 米跑、女子 800 米跑 立定跳远 男子引体向上，女子仰卧起坐 铅球	身高标准体重 肺活量体重指数 台阶实验、男子 1 000 米跑、女子 800 米跑 50 米跑、立定跳远 坐位体前屈、女子仰卧起坐、握力体重指数

三、国内外体质健康研究的差异

（一）对体质健康概念的理解的差异

体质测试，在美国称之为 Fitness Test，美国健康、体育、娱乐、舞蹈协会于 1958 年将体质解释为一个人能有效活动的程度的一种状态。第二次世界大战结束以后，随着社会经济的快速发展，以及工业化、城市化进程的不断加快，西方社会先后进入到了老龄化社会，各种文明病也随之产生并增多，这时体质的定义便逐步演变为能够安全地从事体力活动，并能够对因运动不足而引起的疾病进行预防的能力。到了1970年之后，便认为体质测试包括运动素质和健康素质。其中运动素质是为了提高运动成绩所不可缺少的各种身体素质；健康素质是对增进健康和预防某些疾病有着特殊作用的素质。对于运动员来说，运动素质有着非常重要的作用，而健康素质是每个人所必需的。这就要求进行的体质测试要以健康素质为主，主要包括肌肉力量、人体成分、柔韧性和心肺耐力四个部分，从而完成了对体质概念的演变过程。

中国对体质概念的理解与日本大致相同，都是包括生理功能、身体素质、运动能力、心理因素、形态结构等方面，只不过是在所达和提法上有所不同。日本认为，体质是身体因素和精神因素的综合，其中，身体因素是指身体的体型、体格、体能，以及对外界环境刺激的适应能力和反应能力；而精神因素是指某些心理因素，如判断、智力、气质、意志等。1982年，中国在泰安会议中对体质作出了非常明确的界定，认为体质是人体的质量，它是在先天遗传性和后天获得性基础上所表现出来的身体素质、生理功能、心理因素、运动能力等多方面相对稳定的、综合的特征。

（二）在科研方向和与社会联系上的差异

日本科研方向明确、科研计划严密、课题来源渠道多，并有着专门的学术机构，并以此与社会紧密联系，进行广泛的学术交流和多学科的交叉研究，从而更好地推动学科的不断发展。

在体质健康研究工作方面，美国开展得广泛而有规律，在收集资料方面有着很强的计划性和目的性，同时与社会建立起了非常广泛的联系。将体质研究工作的开展与个体的整体健康、学校体育课程、健身教育融为一体，并使得体育、娱乐、卫生、保健等方面的工作得以同步进行，从而更好地增强体质，促进身心健康。

我国在体质研究方面，将其与遗传学、生物学、医学等学科进行交叉研究，并没有使其优势得以充分发挥，这不仅在研究范围上有着明显的局限性，在研究人员和研究机构方面也显得比较单薄；在与社会联系方面显得脱节，并且尚未形成一个快捷、方便的体质健康评价系统来对社会体育参与者的体质健康进行测量和评价。这不仅凸显出异常薄弱的体质科研工作力量，而且对体质健康评价与研究的质量也无法提供保证。

（三）在指导思想和目的性上的差异

将体质测试作为一种非限制性的手段，并使之融入整个的健康、健身教育的过程中是美国进行体质测试的指导思想。其目的是培养学生良好的生活态度，并使其积极参与到体育锻炼活动中，同时也为终身体育思想和终身健康思想打下基础。

日本对体质进行研究的指导思想主要体现在学校体育中，并在中学体育课中将对青少年体力测定作为其中的法定内容，每年的5～6月进行，同时对“生涯体育”和“快乐体育”进行倡导，并通过内在动机和“生存潜力”来对个体积极参与体育锻炼进行唤醒和激发，从而增强学生体质，促进其身体健康。通过用真正强烈的自我锻炼意识来对终身体育思想进行倡导。学生锻炼的效果通过体力测定来进行检验，从而实现终身健康。

与美国和日本相比，我国在这一方面做得还不够，主要表现为体质研究的指导思想在具体实施的过程中与目的不能吻合。增强学生的体质，促进学生身心健康是我国体质测试的主要目的。但在具体的实践中，却将重点放在整个测试的过程和结果上，只是对大群体青少年儿童或国民体质进行整体评价，而没有涉及对个体进行评价，甚至个体对自己的测试成绩和自身的体质健康状况都不清楚；在对学生进行达标测试中，常常将运动素质成绩的好坏对等于体质水平的高低。而事实上，运动素质成绩好，但并不代表体质一定好。这样就导致个体对自身的健康状况不能进行合理、正确的认识，同时也不利于人们树立正确、合理的健康观念和更新思想。因此，在我国体质研究中，对评价个体测试结果和激发个体主动参与体育锻炼的指导思想方面存在明显的不足。

(四)在评价内容和评分方法上的差异

在体质健康测试内容方面,日本的体质健康测试主要由体力诊断测试和运动能力测试两部分组成,并采用标准百分的评分方法,这样可以对个体成绩在集体中的位置进行反映,有利于对未来的锻炼计划进行设计。

美国的体质健康测试内容主要由四个方面组成,即肌肉力量与耐力、心肺功能、身体组成和身体柔韧性,并随着人们对体质健康内涵不断深入的理解而经历了由掌握运动的基本必备素质,逐渐扩大到身体健康所必需的机体适应能力的变化过程。在评分方法上,主要采用常模标准和校标参考标准,能够对被测个体的某一指标水平是否适宜做出快速的判断,同时还能够对个体与他人的差距作出判断,并决定是否参加锻炼等。这种形式的评价方法有着非常多的可以借鉴之处。

在我国的五次体质健康测试中,体质评价的内容并没有较大的变化,主要包括素质、形态、机能、健康。在测试中并没有涉及心理评价的内容,不过有一些学者在其他的研究中做过相应的调研。在体质健康评分方面采用与日本相似的百分位法进行评价,但并没有根据中国人自身特点建立相应的健康标准。

(五)在运用先进科研仪器和设备上的差异

就日本来说,筑波大学将体质研究作为其主要的研究课题之一。同时,日本东京体育大学所属的体育科学研究所是日本著名的科技中心,并将体质健康作为重要的问题进行研究,既具有各个学科的专用仪器,同时也具有与体力测定与分析相配套的综合性测试仪器,并且许多的仪器都与运算、显示系统相连接,能够对结果进行及时运算和分析。而我国在这一方面相对较为落后。

四、国内外体质健康研究的共性

(1)就体质概念的研究来看,各国都起步较晚,随着各国经济、文化等条件的不断发展变化,体质研究的内容也逐渐得以丰富,并得到了相应的重视;体质健康的衡量指标也从身体形态—素质与运动能力—兼顾机能—健康指标,最终逐渐趋于合理化的变化过程。

(2)各国当时的政治、经济、社会等因素对其体质研究的目的产生了一定的影响,同时研究的结果也对经济发展、国民健康和政策、法规的颁布起到了非常重要的作用,从而也设立了相应的健身计划和锻炼标准。

(3)学生是各国进行体质研究的首要对象,并且在研究的过程中一直受到足够的重视。因此,在学生体质研究方面是比较系统的。但由于测试仪器、设备、方法的变化和学生是否发挥出真实的成绩等原因,使得测试的可靠性和评分方法方面均不同程度地存在一些争议和亟待解决的问题。另外,相对于生理方面的研究来说,对学生心理方面的研究是较为落后的,不能够对某体质某些指标的下降原因给予充分分析,在研究体质水平提高的方法和途径方面存在着不足。从学生体质健康发展趋势来看,各国的研究都呈现出相似的发展趋势;学生在耐力素质方面不同程度地下降,而心理疾病患病率和肥胖率均有着不同程度的提升。

(4)全民健康成为各国进行体质健康研究的最终目的。从目前来看,影响人体健康水平的主要因素包括肌肉力量、身体成分、柔软性和心血管系统的功能水平,这些因素也是对人们的工作和学习以及未来生活质量的提高产生影响的重要条件。如今,身体健康素质这一概念及身体成分、肌肉力量和耐力、柔软性、心血管系统的功能等在各国学生体质健康乃至全体人群的国民体质健康评价中有着越来越多的应用。此外,也将医学指标的探讨加入到体质研究之中,通过使体质与健康研究的紧密结合,加强与国际的联系,并以此来改善各国国民的健康现状。

五、我国体质健康研究存在的不足

（1）“体育锻炼不规律”和“体力活动不足”现象，在我国不同职业和年龄阶层的国民中普遍存在，并且运动缺乏病呈现逐年上升的趋势。

（2）组织和开展得较多的群众健身活动，与之有关的全国体育健身情况和形势的调查分析也多，但较少涉及解决国民从事体育健身活动的具体问题，如适宜的健身方法，简单易行的评估与服务体系等能够对国民从事体育健身活动有着直接帮助的科学手段和方法。

（3）全民健身活动的总体水平仍然存在着“关键技术自给率低，科学研究质量不够高”等现象。

（4）大众日益增长的体育多样化需求与体育健身资源和保障措施之间的矛盾，特别是目前尚未形成具有较强实效性的“个性化”科学健身体系，在国民健身意识增强的同时，健身指导方案的针对性和科学性尚无法满足大众的健身需求。因此，在现有的条件下，根据体育学、生物学和医学原理，要尽快建立其具有系统性、实效性和科学性的健身指导系统。

（5）在健身锻炼过程中，具有更强针对性、人群特征的体质评价方法不能满足国民在健身效果评价和运动能力评价等方面的需求，这更为突出地表现在国民体质评价内容尚有待扩展，体质评价方法的鉴别能力和敏感性还有待提高等。

（6）尚未形成运动促进健康和增强体质的理论体系，有待对运动与体质、运动与健康之间的关系进一步证实。此外，尚未建立保证健身锻炼安全性的标准和方法，主要表现在尚未形成运动风险评估体系等。

（7）未实现对全民健身服务平台和相应信息系统进行开发，国民尚无法从相关的部门获得运动风险评价、体质评价和其他相关信息，这降低了大众健身的效益。

第二章　影响大学生体质健康的因素分析

大学生的体质健康受到诸多因素的影响，其中主要包括生物遗传因素、环境因素以及锻炼因素等。不同因素对大学生体质健康的影响不同，其所产生的作用大小也有差异。这些影响因素之间也存在着密切的联系，它们往往协同作用，共同对大学生的体质健康构成影响。本章着重就影响大学生体质健康的因素进行详细分析与研究。

第一节　当前大学生的体质现状调查与分析

一、当前大学生的体质特征

(一)身体形态

人体在进入青春期之后的 2～3 年时间内，其身高会以较快的速度增长，通常女子在 17 岁，男子在 19 岁。过了这个时间段之后，身高的增长的速度会日趋缓慢，直至完成骨化而终止增长。从体重方面来说，通常是男生在 20 岁、女生 18 岁的时候开始趋于稳定，这时，人体的其他有关指标，如胸围、头围、肩宽、骨盆宽等的变化开始变得十分缓慢。大学生的年龄阶段通常处于青春后期，尽管其身体形态不断得到完善，然而青春期的一些明显特征仍然可以从他们身上体现出来，这时就体现出其身体形态发展具有不平衡性和不稳定性的特征。所以大学生应该将身体的全面锻炼重视起来，随着自身年龄的不断增长，要积极参加学校开展的体操、田径、球类、游泳、舞蹈等各种体育活动，以此来促进自身运动器官的发达，从而达到全面发展身体素质的目的。

（二）身体机能

1. 神经系统

通常，在人体的生理系统中，发育最早、最快，成熟最早的是神经系统，6—7 岁年龄段的儿童的脑重量已经达到成人的 90%，到 20 岁时，人体的脑重量仅仅增加了 10%，约 1 400 克、大学生处于脑细胞构成联系的上升期，其在学校接受智育教育，尤其是接受丰富的专业课知识之后，其皮层细胞活动在数量上不断增加，神经元联系也随之不断扩大，这也大大加强了大学生第二信号系统的最高调节能力，使得第一信号系统和第二信号系统之间取得较为完善的联系，这一不断完备的物质条件有利于大学生思维的快速发展。所以，大学时期是大学生智力、记忆力、思维能力快速发展、分析综合能力大幅提高的关键时期。此外，这一时期大学生的内分泌活动会有所变化，其性腺活动会得到加强，这就会从一定程度上影响其神经系统的稳定性，使其动作协调能力出现暂时性的下降，女大学生在这一方面表现得要比男生明显。

2. 呼吸系统

大学生肺脏的横径和纵径处于不断增加的状态，肺泡体积也随之不断增加，男生在这一方面表现得较女生显著。由于这一时期大学生的呼吸肌不断增强，呼吸频率有所下降，而深度不断加大，因此其肺活量就会增大，大学生的呼吸系统在这时就会向着不断完善的趋势发展。在我国，通常女大学生为 2 500～3 400 毫升，男大学生的肺活量为 3 400～4 000 毫升。在这个时期，大学生要想提高自身的肺功能，可以通过耐力训练和适当承担氧债能力的练习来实现。

3. 运动系统

大学生骨骼中的水分会不断减少，而无机盐持续增多，开始慢慢进入骨化的过程，其骨骼随着骨密质的增厚而变得愈发粗壮和坚固，而且有着很大的承受能力。受性激素的影响，大学生的肌肉纤维会不断增粗，这会明显增加其肌肉的横断面，使其肌肉变得发达，肌力不断增大。通常，人们会在20—25岁左右完成骨骼的发育，到30岁左右才能完成肌肉的发育。在大学期间，人体的骨骼和肌肉都处于一个十分重要的发展阶段。

4. 心血管系统

大学生的心脏收缩力量在不断增强，心脏的收缩压也在随之增高。这个时期大学生能够对一定的运动负荷加以承受，然而不要施加过大的强度，特别是持续长时间进行速度耐力性项目时，要注意练习的强度要适当。随着年龄的不断增长，大学生可以以循序渐进为基本原则，促使练习的运动负荷和强度不断增加，提高自身的运动能力。

（三）身体素质

有相关研究人员对大学生的身体素质做了细致的调查，调查结果显示：男生有关身体素质的各项指标的增长高峰，除速度（50米跑）在7—8岁出现外，其他素质的增长高峰都是在12—16岁期间出现；女生在7—9岁时期，大部分素质会出现增长高峰，到18—19岁时期才会出现柔韧和耐力素质的增长高峰。通常而言，到19岁以后，不管是男生或女生，其各项身体素质都会逐渐呈下降趋势。所以，在大学年龄阶段，大学生应该注重自身的身体素质的全面锻炼与提高，提高自己的健康水平。

（四）性成熟

在青春期，人们在身体上的最大变化就是性成熟，性成熟主要体现在三个方面，即生殖器官的形态发育、功能发育和第二性征发育。

1. 男生的性成熟

男生性器官，即睾丸功能的发育与成熟是其性成熟的主要表现。使分泌雄性激素和精子得以产生是睾丸的主要功能。男生在10岁前后是其睾丸发育的最早时期，睾丸迅速增大的时期是在12—16岁期间，17岁前后，发育逐渐趋于稳定。遗精是男生性功能发育的主要表现，通常是在12—19岁期间。男生体毛多、长胡须、喉结增大、音调变低变粗、皮下脂肪减少、肌肉强健有力是其第二性征发育的主要表现。

2. 女生的性成熟

女生性器官，即卵巢功能的发育和成熟是其性成熟的主要表现。使分泌雌性激素和卵子得以产生是卵巢的主要功能。女生卵巢加快发育时期是8—10岁，子宫等器官迅速发育的时间是10—18岁。女生在青春期会出现月经，这是伴随其生殖器官的成熟而出现的。女生乳腺发育、脂肪沉积、乳房隆起、乳头突出、声调变高、皮下脂肪增厚等是其第二性征的发育的主要表现。

青春期之后，尽管人体具有了生殖能力，但人体的发育还没有完全成熟，通常人们在25岁左右，其重要器官（心、脑及骨骼等）才能发育完善。大学生正处于性成熟的关键时期，根据上述特点，大学生可以通过各种体育活动的参加来使自身的身心处于健康状态。鉴于女性生理的特殊性，所起，女大学生在经期所选择的锻炼项目要有较小的运动量和运动负荷。

二、大学生体质现状调查

对大学生体质现状调查的分析与研究主要是以郑州城市职业学院大学生体质现状为例进行的。

(一)调查对象

对郑州城市职业学院大学生体质现状的调查是以《大学生体质健康标准》为依据，对 2009 级、2010 级、2011 级三个年级所有专业学生进行了随机抽取，并对抽取的学生实施体质健康测试来进行的。这次调查共随机抽取了 2 600 名大学生，其中 1 455 人为男大学生，1 145 人为女大学生。

(二)调查方法

1. 文献资料法

本次调查所运用的文献资料主要包括《大学生体质健康标准》及《运动解剖学》等相关著作、中国期刊网上与大学生体质健康标准及运动解剖学和有关的文献等，这些文献资料都为本次调查与分析奠定了一定的理论基础。

2. 测量法

本次调查主要是通过对大学生进行不同项目的测试进行的，主要包括的测试项目有身高、体重、肺活量、握力、立定跳远、台阶试验等六个，健民测试仪是本次测试中所用的体质测试仪器，这与《学生体质健康标准试行方案》中有关规定与要求是相符合的，本次调查严格按照《学生体质健康标准试行方案》来进行成绩的评定。

三、大学生体质现状调查结果分析

(一)立定跳远

大学生爆发力水平的高低和下肢肌肉力量的强弱能够通过立定跳远的成绩反映出来，学生参与立定跳远测验，能够将其腿部肌肉的力量表现出来。

通过测验得出，有2.7%的大学生立定跳远的成绩为优秀，有7.3%的大学生立定跳远的成绩为良好，35.5%的大学生立定跳远的成绩为及格，54.5%的大学生立定跳远的成绩为不及格。这一成绩与全国学生总体评价等级统计相比，优秀率与良好率都较低，不及格率却远远高了将近50%。由此可知，与全国学生总体评价等级统计相比，郑州城市职业学院的大学生爆发力水平较低，下肢肌肉力量较弱。大学生在日常学习与生活中没有坚持体育锻炼，没有养成良好的锻炼习惯，学校不注重体育课的开展与实施，这是导致学生立定跳远成绩较低的主要原因。从调查统计数据上来看，郑州城市职业学院的大学生需要有意识地提高自身的爆发力水平和下肢肌肉力量。

（二）握力体重指数

大学生前臂肌肉力量和手部肌肉力量能够通过握力测试反映出来，大学生肌肉的总体力量也能够通过这一测试有所表现，握力测试是评价大学生健康状况的重要手段之一。握力体重指数的计算公式是：握力（千克）/体重（千克）×100。

通过调查得出，郑州城市职业学院的学生在握力体重指数的测试中，有大多数人是及格的，有22.1%的学生测试成绩是优秀，有37.3%的学生测试成绩是良好，有35.1%的学生测试成绩是及格，但是仍有5.5%的学生测试成绩为不及格。与全国学生总体评价等级统计相比，不及格比率较高，及格与良好的比例较高，优秀率较低。男大学生与女大学生的测试成绩也是存在差异的，通过进一步调查得知，与女生相比，男生有较高的不及格率与较低的优秀率，总体上男生的成绩不如女生成绩高。综合这一成绩可知，郑州城市职业学院学生的握力水平只是处于良好水平，有待于进一步发展为优秀水平。

（三）台阶测试指数

人体的心血管机能水平能够通过台阶实验测量出来，台阶测试指数的计算方法是上下一定高度台阶运动所持续的时间与恢复运动心率的速度之比，通过指数计算能够反映出人体心血管系统对运动负荷的反映。如果测试指数越大，就意味着大学生的心血管机能就越好。

通过调查得出，总体而言，郑州城市职业学院的学生在这一测试中表现得较为良好，有20.3%的学生测试成绩是优秀，有52.9%的学生测试成绩是良好，有23.9%的学生测试成绩是及格，但仍然有2.9%的学生测试成绩为不及格。与全国学生总体评价相比，良好率与及格率都比较高，但优秀率远远低于全国水平，不及格率也高于全国学生总体水平。学生在平时没有进行足够的体育锻炼，尤其是没有参与耐力性体育项目的锻炼，或者是参加了不规律科学的体育锻炼，这些都会导致其心血管机能水平的下降。

（四）学生身体质量

体重指数是衡量学生身体质量的重要指标，体重指数的计算公式为：体重（千克）/（身高×2）（米），对大学生的形态发育状况进行判断时，可以以体重指数为依据。判断体重指数的标准具体如下。

过轻：低于18.5。

正常：18.5～24.99。

过重：25～28。

肥胖：28～32。

非常肥胖：高于32。

通过调查，在随机抽取的2 600名大学生中，偏瘦的学生占到33.1%，体重正常的学生占到43.3%，肥胖的学生占到16.5%，非常肥胖的学生占到7.1%。与全国学生身高标准体重相比，正常体重所占的比例较高，男生正常体重比全国男生高13.2%，女生正常体重比全国女生高2.4%。总体上，在身体形态上郑州城市职业学院的学生还是比较良好的，但是还是有一部分学生没有达到正常体重的标准，因此要通过加强锻炼、补充营养方法来提高自己的健康水平。

（五）肺活量体重指数

一次呼吸的最大通气量就是所谓的肺活量，在一定程度上，人的持续工作能力与呼吸机能的潜力能够通过肺活量反映出来，肺活量体重指数也是对大学生的体质健康状况做出评价的重要指标之一。

通过调查可知，郑州城市职业学院被随机抽取的学生中，有9.325％的学生测试成绩是优秀，22.55％的学生测试成绩是良好，39.975％的学生测试成绩是及格，28.15％的学生测试成绩是不及格。与全国学生总体评价相比，不及格比例很高。另外，被抽取的学生分别处于不同的年级，低年级学生的不及格率要比高年级学生的不及格率高。从总体上，低年级的学生其胸廓发育还未完善，通过参与体育锻炼能够取得良好的效果，高年级的学生也不能随着学习压力的增加而忽视体育锻炼，否则会影响身体的健康水平。

（六）学生体质测试总体情况

将以上单项测试成绩综合起来之后得出的数值就是学生体质测试的总体情况。

通过计算可知，郑州城市职业学院被随机抽取的学生中，24.7％的学生综合成绩不及格，51.4％的学生综合成绩及格，23.4％的学生综合成绩良好，只有0.3％的学生综合成绩为优秀。与全国学生的总体水平相比较而言，优秀率和良好率都较低，及格率和不及格率都较高。而且低年级的学生不及格率较低，由此可知，学生在高中时期面临着繁重的学习任务，从而忽略了锻炼身体的重要性，进入高校之后，开始有意识地注重锻炼身体，从而使自身的身体素质水平有了提高，这也能够从侧面看出郑州城市职业学院的学生体育活动的开展状况较为良好。总体而言，女生的不及格率要比男生高，男生的优秀率、及格率与良好率都高于女生，这表明郑州城市职业学院的女生在综合身体素质方面是与男生有差距的。

四、大学生体质健康的发展

鉴于对大学生体质健康的调查可知，当前大学生的体质健康并没有达到严格的标准，因此，大学生需要从以下几个方面来提高自身的身体素质水平，以此来改善自身的体质健康状况。

（一）加强体育锻炼

1. 坚持晨练

在大学时期的作息制度中，学校通常会将早晨的时间安排为学生的体育活动时间，每一位大学生都应该积极参加晨练。大学生坚持晨练，有利于合理生活作息制度的保持，有利于对自身的意志品质加以锻炼，也有利于良好卫生和锻炼习惯的形成。通常，晨练的内容主要包括跑步、早操、健美操、太极或强度较小的简单练习。学生可以根据自己的身体需要或锻炼计划来对训练内容进行安排，并非一定要遵照学校的要求。学生进行晨练可以是一个人练习，也可以是与他人进行集体练习，或者二者交替进行。

2. 积极参加课间活动

学生利用课间休息时间所参与的体育活动就是所谓的课间活动。大学生的课间活动通常是个人练习的活动，一般在室外练习，主要活动内容有散步、做操、跳绳及踢毽子等。大学生在选择课间活动的内容时，尽量不要选择有较大运动负荷的活动。大学生参与课间活动的主要是为了获得积极性的休息，使压力得到缓解，使身心得到调节，为之后的课堂学习提高效率。

3. 拓展课外体育活动

当结束了一天的课程学习之后，大学生在课外所进行的体育活动就是所谓的课外体育活动。大学生每周至少要有两次要参加课外体育活动。课外体育活动的内容丰富多彩，大学生要积极参加不同的学校或社会体育组织或俱乐部，以此来提高自己的运动能力，促进身心健康发展。

（二）建立合理的作息制度

大学生要对自己的作息时间表进行科学的制定，并在制定之后能够严格按照计划执行。合理的作息制度是大学生劳逸结合、生理和生活需要获得满足的保障，合理的作息规律有利于促进大学生的健康发展、促进其身体抵抗力的加强，也有利于对身心疲劳与疾病的有效预防。与此同时，按照科学的规律履行作息计划能够有利于学生学习能力与效率的极大提高。

（三）保持合理的膳食与营养

1. 全面均衡地补充营养

大学生要想保持良好的健康水平，就需要有一定的营养基础，大学生不可能只食用一类食物就可以补充身体所需的所有营养，因为食物中的营养成分因食物类型不同而有所差异。例如，主食类是热量与碳水化合物的主要来源；豆类、奶类提供大量的蛋白质；蔬菜水果是多种维生素的主要来源。因此大学生要想具有良好的营养基础，就需要补充不同食物所包含的各类营养成分。大学生对营养素的选择是以自身的身体特点、活动量和生理需求为依据的，这样的选择更为合理，更为科学。全面均衡地补充营养是大学生必须养成的良好饮食习惯。只有全面均衡地食用不同的食物，才能保证身体全面健康地发展。

2. 注意适量饮食

为了维护身体的平衡，需要大学生身体的出入达到一种出少补少、出多补多的平衡状态，即人体补充的量要以消耗量为依据。平衡进出就是既反对暴饮暴食，也反对过分节食。

要在保证饮食质量的前提下控制饮食的数量，最可取的方式就是“少吃多样”。少吃多样的饮食方式可以满足身体的营养需求，有利于消化与排泄。少吃多样中的“少吃”就是控制饮食的数量，大学生不要吃过多的食物，要以自己的食量为度来选择食物。剩饭菜下次食用时需要加热，食物经过加热就会产生有害物质，这时经过加热的食物就变成惰性食物，对人体有害。“多样”就是指饮食中要包括蔬菜、水果、坚果与谷类、豆类等多种食物，全面吸收营养。

3. 补充水分

在人体的组织和体液中，水是重要的物质，它起着输送身体营养物质的中介作用，排除毒素，促进新陈代谢，保持人体水分平衡，可以延缓肌体衰老，使大学生保持旺盛的精力和愉快的心情。如果大学生体内缺水，就不能维持正常的生理功能，其也就不能拥有良好的身体素质。总而言之，水是人类维持生命的源泉，对人体健康有重大的意义。

大学生每天的饮水量最好控制在8～10杯，而且必须是清水。虽然汽水、果汁等饮品既可口，又有解渴的功效，但是过多饮用这类饮品会引起疾病的产生。

4. 饮食速度要慢

饮食速度过快会导致发胖，体重超标。吃得又多又快就会使人的腹部感到紧张，久而久之会造成大腹病和胃下垂。因此，健康科学的饮食习惯提倡放缓饮食速度，做到细嚼慢咽。减缓饮食速度可以使人的口腔分泌出足够的唾液，促进肠胃消化，防止胃下垂与大腹病等疾病的发生，如此有利于大学生保持健康的身体状态。

第二节 体质与遗传因素

大学生体质健康构成的主要因素包括身体素质、生理功能、运动能力、形态结构、心理发展以及对环境(内环境与外环境)的适应能力,这几个要素是相互依存、影响、制约的关系,密不可分。其中,大学生体质健康的物质基础是身体素质、生理功能、运动能力;大学生体质健康的外在表现是体质结构。大学生对内外环境的适应能力水平能够综合反映其他五个方面的要素。

具体而言,大学生体质健康构成因素之间的关系主要表现如下。

首先,大学生在某些方面的生理基础能够通过一定的形态结构,表现出来。

其次,在大学生的生活和体育活动中,其各个器官系统的生理功能够客观地反映出学生的身体素质和运动能力。

再次,大学生身体素质与运动能力的发展与提高会使其机体在形态结构与生理功能方面发生一系列的变化,

最后,大学生形态结构与生理功能的发展和提高会产生一定的心理过程和心理特征,能够使大学生的心理健康水平得到发展;大学生不断发育与发展的先天条件是遗传,大学生体质的强弱直接受到遗传因素的影响。与遗传相关的生物学研究表明,遗传的物质基础是DNA,即脱氧核糖核酸,它主要是在细胞核染色体中存在的。上一代将自己的特性向下一代传输的过程,就是下一代从上一代那里得到一定结构的DNA,下一代得到上一代的DNA之后,就拥有的遗传性状是与上一代一致的。

人们都存在于种族和血缘的关系之中,遗传因素会影响人体的面貌、肤色以及形态结构等。据研究,有一半以上的人其形态结构直接受到了遗传因素的影响,人体受遗传影响的有氧代谢能力和最大摄氧能力高达75%~95%,遗传因素也会影响人们的身体素质和运动能力。

然而，遗传因素对体质健康状况的影响只是提供了一定的可能性，后天的环境与主客观条件是对体质造成影响的关键因素。一些遗传学研究专家认为，先天遗传因素与后天环境因素共同影响并决定着人体的一切外在表现。在人类的所有性状中，不受后天环境影响的只是很小的一部分性状。所以说，遗传因素会影响人体的大部分性状。人们一般运用遗产度来对人类的性状进行计算，目的是对先天遗传因素和后天环境因素影响某一性状的程度作出判断与比较。“所谓遗传度，指的就是在某一特定性状在总的变异中，遗传因素占有多大比例，环境因素有多大比例。”①通常用百分号来表示遗传度。如果人体的某一性状是以遗传因素为主，那么这一性状就有很高的遗传度；如果某一性状以环境因素为主，那么这一性状就有较低的遗传度。下面对与体质相关的重要指标的遗传度进行详细的分析。

一、生化指标的遗传度

人体生理机能的好坏和运动素质的高低直接受其代谢特点与生化过程的影响。据生理学的相关研究可知，遗传因素从一定意义上决定了人体代谢特点的形成与生理代谢能力的高低稳定度。生化指标的遗传度见表 2-1。

表 2-1　生化指标的遗传度

指标	遗传度(%)
线粒体数量	70～92
CP、ATP 含量	67～89
血乳酸最大浓度	60～81
乳酸脱氢酶的活性	65～87
红白肌纤维比例	81～89
肌红蛋白含量	60～85

① 刘星亮．体质健康概论[M]．武汉：中国地质大学出版社，2010.

从表 2-1 可以看出，生化指标的遗传度都处于较高的水平，先天遗传在人体体质生化指标中占有主要的地位，具体表现如下。

(1)在人体细胞内，最重要细胞器之一就是线粒体，人体的有氧代谢在线粒体中完成生成 ATP 的过程。人体有氧代谢水平的高低直接受到线粒体数量多少和质量好坏的影响，在运动过程中，人体的有氧耐力水平也与线粒体有关，线粒体遗传度为 70%～92%。

(2)先天遗传会在一定程度上控制 ATP 与 CP 的含量，尤其是控制 CP 含量，CP 与 ATP 的遗传度高达 67%～89%，磷酸原系统在无氧条件下的供能直接受到 CP 与 ATP 含量的影响。

(3)人体无氧代谢的过程与糖酵解的能力与血乳酸最大浓度和乳酸脱氢酶的活性有直接的关系。人体有氧代谢与无氧代谢能力的高低能够从不同强度与距离影响下的血乳酸浓度的变化中反映出来。糖酵解生成乳酸能力和乳酸氧化能力的高低能够从乳酸脱氢酶和不同同工酶活性的高低程度中有所反映。先天遗传因素很大程度上会影响到血乳酸的最大浓度和乳酸脱氢酶的活性，二者都有较高的遗传度。

(4)运输二氧化碳与氧是血红蛋白的主要功能表现，人体物质代谢与能量代谢水平直接受到血红蛋白含量多少的影响。所以，人体的耐力水平与血红蛋白有着密切的联系。影响血红蛋白含量的因素是多种多样的，但最主要的是先天的遗传因素，遗传因素尤其会在很大程度上影响血红蛋白的合成潜力，血红蛋白的遗传度高达 81%～89%。

(5)肌红细胞是肌红蛋白的主要贮藏地，肌红蛋白与氧的亲和力都较高，肌红蛋白中储存了大量的肌肉内氧。肌肉工作时，最快的供氧的来源就是肌红蛋白，细胞的有氧代谢能力高低很大程度上受到肌红蛋白含量多少的影响，人体的有氧耐力也受其直接影响，肌红蛋白遗传度达 60%～85%。

二、生理指标的遗传度

人体的生理机能水平的高低会直接影响其运动能力水平的

高低。影响生理机能水平的因素是多种多样的，如内外环境因素、训练因素等。此外，也是最重要的，生理机能水平会受到先天遗传因素的影响。生理指标的遗传度见表 2-2。

表 2-2 生理指标的遗传度

指标	遗传度(%)
安静心率	33
最大心率	85.9
肺通气	73
最大摄氧量	69～93.6
神经系统功能	90
月经初潮时间	90
血 型	100
血 压	42

人体各系统功能中，神经过程的强度、均衡性以及灵活性等中枢神经系统的功能是受到先天遗传所影响的，难以改变，后天环境很难对其造成影响。最大心率的遗传度是 85.9%，后天环境因素对其的影响度只占 14.1%。有氧耐力水平与最大摄氧量之间有着直接的关系，最大摄氧量的遗传度高达 69%～93.6%，后天环境因素对其的影响度只占 18.4%。这充分表明后天环境因素是难以改变遗传度较高的环境指标的。

三、形态指标的遗传度

在遗传学中，人体形态被称为“体表性状”，许多基因遗传都会控制与影响人体形态，多种因素共同影响人体形态的形成，其中，最主要的影响因素是遗传因素。从组成体型的各个特点来看，遗传因素对其的影响程度是有差异的，男女之间也是有差异的。人体形态的遗传度见表 2-3。

通过分析表 2-3 可以得出，遗传因素对男性的体型特征产生较大影响的是头围、头宽、胸廓形态、去脂体重以及坐高，头围所占比例为 90%，头宽所占比例为 95%，胸廓形态所占比例为 90%，去脂体重所占比例为 87%，坐高所占比例为 90%。

遗传因素对女性的体型特征产生较大影响的是身高、心脏形态、臂长、盆宽、坐高、腿长、膈肌形态以及胸廓形态，身高所占比例为 92%，坐高所占比例为 85%，臂长所占比例为 87%，腿长所占比例为 92%，盆宽所占比例为 85%，心脏形态所占比例为 82%，胸廓形态所占比例为 90%，膈肌形态所占比例为 83%。男性与女性的所有形态指标中各有 9 项达到超过 80%的遗传度。

表 2-3　人体形态的遗传度(%)

指标	男	女
身高	75	92
坐高	85	85
臂长	80	87
腿长	77	92
足长	82	82
头宽	95	76
肩宽	77	70
腰宽	79	63
盆宽	75	85
头围	90	72
胸围	54	55
臂围	65	60
腿围	60	65
体重	68	42
去脂体重	87	78
心脏形态	82	82
肺面积	52	52
胸廓形态	90	90
膈肌形态	83	83

四、智力与个性的遗传度

人们认识和行为所达到的水平就是所谓的智力，智力能够综合反映人的基本能力。一个人的整体精神面貌就是其特征。先天遗传因素会从很大程度上影响人的智力与个性特征。人的智力与个性特征形成之后具有很大的稳定性，并且不容易发生变化。智力与个性特征都有较高的遗传度。经研究可知，智力的遗传度平均高达70%左右。个性特征的遗传度见表2-4。

表2-4 个性特征的遗传度

指标	遗传度(%)
运动速度	93
判断的果断性	96
对反对的抵抗	95
柔顺性	91
运动冲动	90
好奇性	87
冲动协调	86
意志坚韧性	83
对矛盾的反应	80
运动制约	65
基本情绪	75
活力	79
思考能力	72
心理状态	60
意志坚韧	77

五、运动素质的遗传度

与运动效应有直接关系的身体素质就是所谓的运动素质。

多种多样的基因遗传会在一定程度上控制运动素质的各种性状。在人体运动素质的形成和发展过程中，不仅遗传因素、内外环境因素会对其造成影响，体育锻炼因素也会直接对其造成一定的影响。运动素质指标的遗传度见表2-5。

表2-5　运动素质指标的遗传度

指标	遗传度(%)
反应潜伏时	86
动作速度	50
动作频率	30
反应速度	75
相对力量	64
绝对力量	35
柔韧性	70
无氧耐力	85
有氧耐力	70

下面结合表2-5来分析运动素质各项指标的遗传度。

(1)遇到一定刺激之后，人体的神经过程发生反应所需用的潜伏时间就是所谓的反应潜伏时。先天遗传决定了反应潜伏时的长短，后天因素难以使其发生变化，反应潜伏时的遗传度为86%甚至更高。

(2)对单个或组合技术动作快速加以完成的能力就是所谓的动作速度。动作技巧的一些特征(熟练性、复杂性)会影响这一运动素质指标，也就是说，先天遗传因素与后天环境因素会共同影响这一指标，动作速度的遗传度是50%。

(3)在单位时间里，对动作加以重复完成的次数就是所谓的动作频率。据研究显示，青少年的10秒原地高抬腿的次数和60米步频都和成年人没有明显的区别。这反映出后天因素难以使动作频率这一指标发生变化，它主要受到先天遗传因素的决定性影响。

(4)遭受刺激之后,人体产生动作反应的时间就是所谓的反应速度,神经系统与神经冲动与的传递速度都能够通过反应速度有所表现。反应速度的先天遗传度高达75%甚至更高。

(5)单位体重能够承载的重量就是相对力量。人体的体重和绝对力量的关系能够通过这一指标反映出来。相对力量指标的遗传度是64%,这一指标受到先天遗传因素影响的程度要比绝对力量大。

(6)人体在较慢状态下能够克服最大阻力的能力就是所谓的绝对力量。通常而言,力量会因为体重的增长而相应的得到增加。对绝对力量造成影响的先天因素有骨架大小、骨骼粗细以及消化吸收能力等。

(7)软组织(肌肉、肌腱、韧带等)的伸展能力与人体各个关节活动的范围大小都属于柔韧素质的范畴。柔韧性的遗传度高达70%甚至更高,后天因素对其的影响相对较小。身体不同关节的柔韧性是不同的,其遗传度也是有差异的,人体肘关节、髋关节以及脊柱的遗传度分别为81%、98%及79%。

(8)有机体对工作中产生的疲劳进行克服的能力就是人体的耐力素质。无氧耐力与有氧耐力是耐力素质的两个方面。“身体在较长时间处于缺氧情况下对肌肉收缩供能的耐受能力就是无氧耐力。长时间进行有氧工作的耐受能力就是有氧耐力。”耐力素质两方面的遗传度都比较高,有氧耐力与无氧耐力的遗传度别为75%、85%。

第三节 体质与环境因素

我国有着辽阔的地域与庞大的人口,地域不同,环境也会有差异,这里的环境指的是自然环境与社会环境两个方面。根据人口学和医学的相关研究可知,人的生存质量的高低、健康状况的好坏会受到其所处的自然与经济等因素的直接影响。人类生存与生活离不开环境这一基本条件，经济制度、卫生保健制度、社会制度与地理环境等自然环境和社会环境都会直接影响人体的生长发育程度和健康状况。1979年，我国对全国儿童青少年的体质健康状况进行抽样调查，之后又对不同人群的体质健康状况进行了调查与分析，而且对不同地域人们的不同体质情况进行了对比研究。调查中以淮河、秦岭为界将我国的地域分为南北两个地区，这两个地区的居民在身体素质、形态结构、身体机能等方面都存在着或大或小的区别。所以说，环境与人们的体质健康有着极为密切的关系。下面就自然环境与社会环境对大学生体质健康的影响分别进行分析。

一、自然环境与体质健康

自然环境处于无限变化的过程之中，为了能够很好地生存，就要对人体的各种生理机能与形态结构不断进行改善，使其逐渐与自然环境相适应。生活在不同地理环境中的大学生，其体质健康状况也是不同的，因为不同的地理环境会从不同方面或程度上影响大学生的体质水平。通过对我国国民体质所进行的研究可知，自然环境中的不同因素都与包括大学生在内的所有人的体质水平有直接的关系，研究结果表明，对人体体质水平造成影响的主要自然因素有经纬度、光照时间、气温（1月与7月气温）、海拔以及降水量等，具体表现如下。

（一）海拔、降水量与体质水平

（1）随着经度的不断增高，我国国民体质的健康水平也在增高，大学生的体质水平也在增强，而我国国民体质的健康水平与海拔是负相关的关系，海拔越高，体质水平越低，从这一方面能够得出，我国国民体质的健康水平有由西到东从整体上表现出增高的趋势。

（2）我国国民体质的健康水平与年最高温度是正相关的关

系，其随着7月份平均气温与最高气温的增高而不断增高。

（二）我国国民体质水平地域分布

1．分布情况

我国国民体质在水平地域上的分布情况基本表现如下。

（1）体质水平良好区域

我国东部沿海地区的经济发展水平较高，在这一地区居住的居民体质水平良好，平均体质的综合评分也是比其他地区高的，尤其是江苏与山东两省的居民体质水平明显较高。

（2）体质水平较高区域

北京、上海、广东、浙江、湖南、江西、广西、福建、安徽、辽宁等省市的居民平均体质综合评分仅仅次于东部沿海地区，体质水平较高区域大都位于我国东北与东南地区。

（3）体质水平中等区域

山西、陕西、重庆、河北、河南、甘肃、四川、贵州、内蒙古等省市居民的平均体质综合评分又次于我国东北与东南地区。体质水平中等区域大都分布在我国西北与西南地区。

（4）体质水平偏低区域

体质水平偏低区域为新疆，新疆的居民平均体质综合评分低于以上三类区域，新疆是典型的体质水平偏低区域。

（5）体质水平较低区域

体质水平较低区域的居民平均体质综合评分最低，典型区域是云南。

2．分布特征

（1）地域差异显著

山东省居民的平均体质综合评分最高，云南省居民的平均综合体质评分最低，二者相差20分左右，体现出十分明显的地域差异。

(2)体质水平与地域相邻明显

如果两个地区之间是相邻的,那么居住在这两个地区的人有着相近的体质水平。以山东与江苏为例,这两个省份是相邻的,因此这两个地区之间的人口其平均体质水平是基本相近的,福建与浙江同样也是如此。

(3)内陆地区比沿海地区低

据调查,居住在我国内陆地区省市中的人,其平均综合体质水平总分不足 60 分,而居住在我国沿海地区个省市中的人其平均综合体质水平总分超出 60 分,内陆与沿海之间在人口体质水平上有差距的,沿海地区要高于内陆地区。

(4)西部地区比东部地区低

从总体上来看,我国国民体质水平分布的趋势是东高西低,浙江、山东、江西等东部地区的人口平均体质水平较高,甘肃、河北、内蒙古等地区的人口平均体质水平较差。

二、社会环境与体质健康

人体的生长发育水平与体质健康的强弱程度不仅受到自然环境的影响,也会受到社会制度、经济发展水平、物质文明等社会环境因素的影响。营养状况、物质发展水平、医疗卫生环境、文化教育条件等都是社会环境这个总体中的社会因素。科学合理地摄取营养素有利于提高大学生体质健康水平,这是体质强的关键与保障,而长期的营养摄取不足或营养吸收单一都会使体质健康程度变弱。通过对我国大学生的体质状况进行调查可知,城市中生活的大学生其身体素质、身体形态、身体机能以及运动能力等都比农村中生活的大学生要高,城市与农村之间的物质生活水平差异是导致这一现象的关键。除此之外,人体的免疫功能也受到营养吸收情况的重大影响。

人口体质水平受社会环境因素的影响,尤其是受社会经济环境的影响较大。社会经济发展水平不同,其就会不同程度地影响人体的体质水平，对于经济发展水平较低的地区来说，大力发展经济，提高经济发展水平有利于极大地改善这一地区人口的体质水平。然而，经济收入的增加对于经济发展水平较高的地区来说，只能从很小的程度影响这一地区人口的体质水平。这一现象在人文指数与体质水平关系的研究中也能够反映出来。

据相关研究可知，与农村的大学生相比较而言，居住在城市的大学生其生长地区差异受环境影响的程度较低。从这一现象中可以得出，人口体质水平的提高方案要以不同区域的具体条件为依据进行制定，我国东西部之间与城乡之间的经济与人文环境差异较为显著。在经济发展水平较高，人文环境较好的地区，要有意识地培养大学生的锻炼习惯，给予大学生正确的健身指导，以此来促进这一地区大学生的体质水平；而在经济发展水平较低，人文环境较为落后的地区，大力发展经济，提高居民收入，改善人文环境有利于这一地区大学生体质健康水平的不断提高。

第四节 体质与锻炼因素

人们通常所说的锻炼是身体锻炼，也就是体育锻炼。身体锻炼指的是通过各种形式的身体练习，与周围环境及卫生因素相结合，为了达到健身、娱乐与防治疾病为目的而进行的身体活动。身体锻炼有利于使人体的正常生长与发育得到保障；有利于人体机能水平与基本运动能力的提高；有利于保持年轻、达到延年益寿的效果；有利于对不良情绪与心理的调节，使自己精神饱满；有利于促进自身对外界环境适应能力的提高；有利于疾病的防治和身体功能的保持与恢复等。身体锻炼可以采取多种多样的方法进行，大学生可以根据自己的身体需要与所追求的目的来进行选择。

在体育活动的众多形式中，身体锻炼是较为典型的一种，能够对人体发挥良好的健身、健美及健心功能。大学生可以通过体育锻炼来使自身的体质不断增强，也可以促进自身健康水平的不断提高。这主要是由于人们的身体形态、身体机能、运动能力、适应社会环境的能力以及抵抗疾病的能力等都有很大的发展与增强的潜力，只要运用科学合理方法进行身体锻炼，就能够很大程度地增强自身的体质，防止疾病的发生。

第三章 大学生体育锻炼促健康的原理与方法研究

体育锻炼能够有效促进人们的身体健康，对于处于生长发育后期和定型阶段的大学生而言，坚持进行体育锻炼具有积极的意义。本章首先对体育锻炼促进健康的原理进行了分析，以增加学生对体育锻炼的重视程度；其次，对进行体育锻炼的一些基本常识进行了分析，以更好地促进大学生进行体育锻炼；最后，为了提高大学生进行体育锻炼的科学性，重点阐述了进行体育锻炼的重要原则和方法。

第一节 大学生体育锻炼促健康的基本理论研究

一、体育锻炼对人体各系统的影响

（一）运动对心血管系统的影响

在血液循环的作用下，人体实现了与外界物质的交换以及体内物质的运输，如果血液循环停止，则人的生命也将终结。可见，心血管系统对人体生存的重要意义。参与体育锻炼对心血管系统的作用主要表现在以下几方面。

1. 促进血液循环，防治心血管疾病

一般情况下，正常人的血液总量只占体重的 8%，而经常参加体育锻炼的人血液总量约占体重的10%，且血液的重新分配机能快，这就保证了人体在承受较大的生理负荷时，经过神经系统的调节，反射性引起肝和脾释放储存的血液。同时，血管的收缩和舒张，动员了大量血液参加循环，保证了肌肉活动时的血液供给。

2. 改善心肺功能

经实验研究发现，经常参加体育锻炼能使心肌肌红蛋白的含量增加，组织代谢能力加强，供血量增加，使心肌纤维变粗，心脏的重量和大小增加，心脏搏动有力。由于心壁增厚，心腔增大，使心脏的收缩能力提高，心容量增大。一般人的心容量为765～785毫升，而如果经常进行体育锻炼，其心容量可达到1 015～1 027毫升，每分输出量和每搏输出量也都增加。

3. 提高免疫功能

体育锻炼可以使总血量增加25%。一般成年男子每立方毫米血液中含有红细胞450万～550万个，女子380万～460万个。经常参加体育锻炼的人，血液中红细胞增多，可达每立方毫米600万～700万个，这是因为运动能够改善红骨髓的造血机能。运动对血液中具有免疫功能的白细胞影响较大，白细胞包括淋巴细胞、单核细胞和自然杀灭细胞(NK细胞)等。在体育锻炼后白细胞数量明显增加。短时间大强度和长时间小强度的运动都可以使淋巴细胞数量增多。运动后单核细胞有轻度增加。中低强度的运动对提高NK细胞的活性是一种良性刺激，而NK细胞是对肿瘤免疫有效果的细胞。但长时间的剧烈运动则可能抑制它的活性。

(二)运动对呼吸系统的影响

呼吸系统包括呼吸道和肺两部分构成，在它们的活动下，实现了人体与外界的气体的交换，它们为人体的各项生理活动提供必要的氧气供应，同时排出人体生成的二氧化碳。呼吸系统是代表人体生命活动的标志，对人体的健康发展有着重要的作用。

1. 提高呼吸系统的机能水平

经实验研究显示，经常进行体育锻炼，会使机体的呼吸频率相对减少，呼吸深度加大，由于呼吸肌的力量增强，肺泡弹性增大，肺活量和肺通气量的指标明显增大。安静状态下一般人的呼吸频率为 12～16 次/分钟，肺通气量为 6～8 升，而经常参加体育锻炼的人呼吸频率仅为 8～12 次/分钟，就可达到同样的肺通气量。呼吸系统机能水平的提高和改善，对保持健康和预防疾病都非常重要。

2. 促进呼吸器官结构的改变

一些体育运动的强度比较大，肌肉活动比较剧烈，耗氧气量、产生二氧化碳量都会很大，于是呼吸系统必须加大工作量才能满足机体活动的需求。因而人体呼吸频率加快，呼吸次数增加，深度加深，胸廓活动度加大。尤其是大负荷的运动练习时，呼吸次数可增到 40～50 次/分钟，每次吸入空气量达到 2 500 毫升，是安静时的 5 倍。同时，由于运动时对氧的需求量增加，呼吸的深度加大，经常锻炼就会提高呼吸效率，肺泡也会最大限度的参与气体的交换，这回促进肺泡的生长发育及弹性的改善。经常参加体育锻炼的人，其胸围一般要比同年龄人大 3～5 厘米，呼吸差也增加到 9～16 厘米。

（三）运动对运动系统的影响

人体的运动是由运动系统实现的。运动系统由 206 块骨骼、400 多块肌肉以及关节等构成。体育锻炼可以让运动系统产生良好的适应性变化。具体表现为以下几方面。

1. 促进结构机能的有利变化

人在参加体育锻炼时，骨骼和肌肉工作加强，血液供应增加，蛋白质等营养物质的吸收与储存能力增强，肌纤维增粗，因而肌肉逐渐变得更加粗壮、结实，肌肉力量增强。由于肌肉中肌红蛋白的增加使其结合氧气的能力增强；储存的营养物质——肌糖原增加；肌肉内毛细血管的数量也增多了，更能适应运动或劳动的需要。这就使得结缔组织也逐渐增多，肌肉的生理横断面和体积增加，肌肉纤维增粗。肌肉含量增加，脂肪含量就会相对下降，使人体基础代谢率提高，有利于人体健康。同时还可以加强肌肉收缩时的力量，加快了肌肉的收缩速度，灵活性、耐久性提高，弹性、柔韧性增强。

2. 提高关节的柔韧性和灵活性

经常参加体育锻炼的人，可以增加关节面软骨和骨密度的厚度，并可让关节周围的肌肉发达、力量增强、关节囊和韧带增厚，因而可让关节的稳固性和抗负荷能力加强。在增强关节稳固性的同时，由于关节囊、韧带和关节周围肌肉的弹性和伸展性提高，关节的运动幅度和灵活性也大大增加。

3. 强化骨结构，提高骨性能

经常参加体育锻炼的人，由于其新陈代谢增强、血液循环加快，使骨结构和性能也随之发生了变化，增强了骨质。体育锻炼引起肌肉对骨骼牵拉和重压，使骨骼不仅在形态方面产生了变化，而且让骨骼的机械性能也得到了提高。骨骼在形态方面最明显的变化是：肌肉附着处的骨突增大，骨外层的密质增厚。而里层的骨松质在排列上则能适应肌肉拉力和压力的作用。这就使骨质更加坚固，可以承担更大的负荷，提高了骨骼抵抗折断、压缩、弯曲、拉长和扭转的能力。同时还能刺激骺软骨的增生，对人体的增高有很大的意义。

（四）运动对神经系统的影响

神经系统对人体的内分泌系统的控制、调节作用是在与其他各器官系统的共同协调下实现的。在不同的器官的共同作用下，人体成为一个统一的整体，不断适应着内外界环境的变化。合理的体育锻炼对于神经系统的功能起着全面的促进作用。

1. 提高神经系统的反应能力和灵活性

人们在参与一些运动负荷较大的运动时，神经系统需要迅速动员和调节各器官与系统的机能，使之适应肌肉活动的需要。同时一些运动项目中采用的是开放式的运动环境，比如街舞，健美操等，都是采用较快的音乐节奏刺激使机体的应激能力，加强了神经系统的兴奋、抑制交替转换的灵活性，改善神经系统对全身各系统的迅速调节能力，反应速度及灵活性的提高，使人体活动中动作更协调、灵敏和准确。

2. 提高人体对环境的适应能力

经常参加体育锻炼的人血管收缩的反应性、基础代谢率等都会得到较大的改善，体温调节能力加强，对气候的变化反应灵敏，在受到环境温度变化时能够迅速保护和防御，以免机体受到伤害。因此，长期参加这种运动的人，能健美体格，增强体质，环境适应能力和免疫力都会高于一般人。

3. 提高大脑皮层神经细胞的耐受性

经常参加体育锻炼，可以促进血液循环加快，使单位时间大脑血流量增多，脑细胞得到更多的营养，提高大脑的功能，加快神经疲劳的消除，提高大脑抗疲劳的耐受力，使肌肉收缩节约化，进而提高了大脑长时间工作的能力。

4. 延缓大脑组织的衰老

大脑是人体中的信息器官，而信息器官需要不断的信息刺激，如果大脑长期处于“信息饥饿”状态，则必然会出现大脑早衰。为了防止大脑早衰，最有效的方法就是给大脑以良性刺激，而合理的体育锻炼就是最好的运动性良性刺激。四肢的骨骼肌肉在进行体育锻炼时，可以将外周的效应器上的信息作为输入信号反馈给中枢，反过来刺激中枢神经系统，从而维持中枢神经系统处于一定程序的激活状态，维持甚至增强其应激能力。

（五）体育锻炼对消化系统的影响

消化系统通过分泌相应的物质实现人体对营养物质的消化和吸收，最终为人体的生理活动提供必要的营养和能量。食物在消化管内被分解为小分子物质，然后这些物质进入血液和淋巴液，剩余的残渣通过大肠排出体外。消化系统由两部分组成，即为消化管和消化腺。

体育锻炼对消化系统的整体机能具有一定的提高作用，加强肠胃的蠕动，促进肠道内消化废物的排泄。运动实践表明，长期进行体育锻炼能够有效促进肠胃平滑肌和消化道括约肌功能的改善，使其变得更强壮，从而使得肠胃的蠕动更加有力，促进肠胃消化功能的增强，促进排便。同时，长期进行体育锻炼能够使得人体内固定内脏器官的韧带增强，有效预防胃肠下垂疾病。肠胃蠕动功能的增强能够使得人体更加积极的消耗肠胃外壁的脂肪组织，降低腹腔内的压力，从而减轻腹内压力对于肾脏、脾脏等器官的不良作用，从而使得脏腑器官能够更好地保持健康的生理状态。

规律的体育锻炼能够促进人体的消化液分泌和脂肪代谢，在提高肠胃对食物的消化和吸收能力的同时，还能够促进人的食欲的提高。这能够使得人体更加高效的吸收食物中的各种营养素，从而对人体的营养均衡具有重要的作用。

（六）体育锻炼对泌尿系统的影响

泌尿系统由肾脏、输尿管、膀胱和尿道组成，其的主要功能使将机体在代谢过程中产生的废弃物输送出体外。泌尿系统的功能正常工作能够使得人体电解质和水的平衡，维持人体内环境的稳定。

中小强度的体育锻炼能够促进肾脏器官的轻微收缩，但血液循环、有效循环血量和肾小球毛细血管压力都保持在正常状态和正常范围内。当人们停止体育锻炼时，这种肾脏血管的收缩状态逐渐恢复正常，并且会出现一定时间段内的扩张现象。在这种反复的作用下，能够可以有效改善肾脏本身的营养血液循环，提高肾脏的健康水平，有效预防各种肾脏疾病。

在体育锻炼的作用下，人体的血压和血流呈波浪形变化，这在一定程度上对肾脏和泌尿系统形成一定的冲击和按摩作用，从而能够有效促进肾脏的应激能力、排毒能力和代偿能力。

二、体育锻炼对人的心理的影响

（一）体育锻炼改善情绪状态的控制

体育锻炼对心理健康影响的主要标志之一就是情绪状态，也是人的自然需要是否得到满足而产生的一种体验。情绪几乎参与人的所有活动，对人的行为活动起着很大的调节作用。而体育锻炼是人体情绪的调节剂，对人的情绪产生良好的影响。

现代社会的人们处在快节奏、高效率、强竞争的环境下，心理上会产生一定程度的紧张、焦虑和不安的反应。通过体育锻炼可以使不良的情绪状态得到改善，心理承受能力得到提高。

（二）体育锻炼提高意志品质的培养

意志品质通常是指一个人的目的性、自觉性、自信性、坚韧性、自制力以及勇敢顽强和主动独立等精神，意志品质既是在克服困难的过程中表现出来的，又是在克服困难的过程中培养起来的。锻炼者越能克服困难也就越能培养良好的意志品质。通过进行相应项目的体育锻炼，能够使人变得坚韧而勇敢，并能够更好地面对学习和生活中的各种困难和障碍。

体育锻炼对于培养人们的意志品质，如勇敢、顽强、坚毅、果断、自信心、自制力等方面均具有重要作用。人们在具有明确目的的体育锻炼活动中,常常需要不断克服客观困难(如气候条件的变化,动作的难度或意外的障碍等)和主观困难(如胆怯和畏惧心理,疲劳或运动损伤等),这就需要足够的意志力量。另外,一些中长跑、野外生存运动以及极限运动等,都是对人的意志品质的挑战,能够促进其意志品质的提高。

(三)确立良好的自我概念

自我概念是个体主观上对自己的身体、思想和情感等的评价,它是由许多的自我认识所组成,包括"我是什么人""我主张什么""我喜欢什么""我不喜欢什么"等等。由于坚持体育锻炼可使体格强健、精力充沛,因而,体育锻炼对于改善人的身体表象和身体自尊很重要。

身体表象是指头脑中形成的身体图像。身体表象障碍在正常人群中普遍存在,据有关资料显示,54%的大学生对他们的体重不甚满意。与男性比,女性倾向于高估她们的体重,而且,身体肥胖的个体更可能有身体表象和身体自尊方面的障碍。身体自尊主要包括一个人对自己运动能力的评价,对自己身体外貌(吸引力)的评价,以及对自己身体的抵抗力和健康状况的评价。身体表象和身体自尊与整体自我概念有关(图 3-1),无论男性还是女性,对身体表象的不满意会使个体自尊变低(自尊指自我概念的积极程度),并产生不安全感和抑郁症状。有研究表明,肌肉力量与身体自尊、情绪稳定性、外向性和自信心相关,并且加强力量训练会使个体的自我概念显著增强。

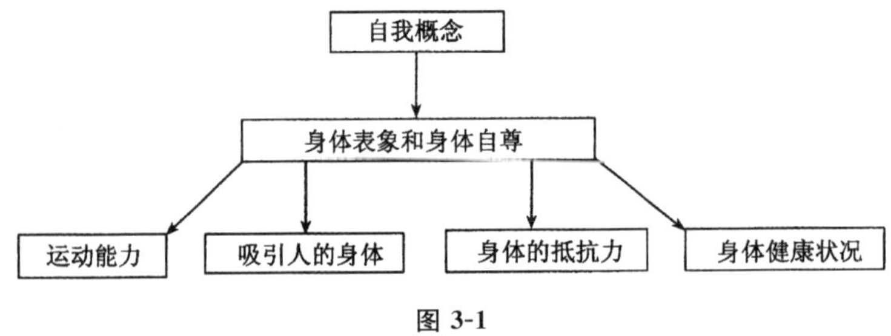

图 3-1

三、体育锻炼对人体各方面能力的影响

(一)体育锻炼可以发展身体运动能力

身体运动能力是作为有机体在运动活动中所表现出来的机能能力,是人的生命活力的重要标志。尽管人的运动也带有与机械运动相类似的性质(即做功等),然而,人作为一个具有共轭作用的有机体,其运动都是在大脑和中枢神经系统的支配下,由运动系统为执行器官,并在身体其他器官协助下完成的。人在生长发育过程中,随着肌肉、骨骼的日趋变粗、长长,关节也变得灵活而稳固,身体运动能力也呈增长趋向。但不能过高估价人的自然生长对身体运动能力的促进作用。事实上,人体从出生到长大成人,如果不参加任何一种形式的体力活动(如体力劳动和体育锻炼),则他们的身体活动能力是相当低下的。劳动在人的运动能力发展中起着一定的作用。

体育锻炼是提高身体运动能力的重要手段。通过系统地体育锻炼,可以较大幅度地提高人的走、跑、跳、投等基本运动能力,可以有效地发展力量、速度、耐力、柔韧、灵巧等身体素质。与此同时,在发展运动能力的过程中,也有利于人体形态和机能发生良好的变化。人们在运动时通过多种手段发展速度、力量、柔韧、耐力等素质时,在中枢神经系统的影响下,各器官系统的机能水平也相应得到提高。人们在欣赏优秀运动员的比赛和表演时,常常为其所表现出的非常人所具的身体运动能力而赞叹不已,这正是他们日复一日、年复一年地刻苦训练的结果。许多运动项目的优秀运动员,正是以其独具的非凡的身体运动能力而独领风骚的。

(二)体育锻炼可以提高人体适应能力

人体适应能力包括人对外界自然环境的适应力,对疾病的抵

抗力以及疾病损伤后的修复力。人体适应能力是人的体质强弱的一个重要方面,也是人们维持正常生命活动的一种重要能力。

人类是大自然的产物,又是与大自然相依赖相适应的存在物。人类具有征服大自然的能力,人类本身就是在不断地与大自然的抗争中而逐步进化成现代人的。现代人既要用科学的头脑去认识自然界的奥秘以改造自然,又要以强壮的身体、不屈的意志去适应自然界的变化以保持自身的生存繁衍。这就要求人进行各种适应性锻炼,而健身锻炼则是其中的一剂良方。

长期在各种气候和环境(如严寒、酷暑、风雨、霜雪或空气稀薄等)条件下锻炼,能有效地改善有机体体温调节和其他相关机能,提高对外界环境的适应能力。比如,人体在受到寒冷刺激时,会引起体内出现不同程度的变化,神经系统也会及时指挥全身各器官系统加强活动,产生一系列防御性反射,如皮下血管急剧收缩以减少热量的散发,保持身体的正常体温。人体遇酷热时,也会在神经系统的指挥下,使皮下血管舒张,身体表面大量出汗来加强散热过程。在严寒与酷热到来时,有的人感冒或中暑,有的人则安然无恙,这就反映出不同的人在适应能力上和整个体质水平上的差异。

与此同时,人体在各种生命活动过程中,体内平衡及其与外环境的平衡也时常会遭到破坏,机体本身也必须及时进行调整,以保证正常的生命活动。当人体调节机能不足以维持这种平衡时,就会产生各种病变。人体的各种免疫机制和各器官的调节机制,对机体的各种病变有着一定的抵御和“缓冲”作用,从而形成人体特有的对疾病的抵抗能力,以及病损后的修复能力。上述各种能力的获得,直接与体质的强弱相关。通过在各种环境下的健身锻炼,全面提高人的体质水平,则有利于提高这类能力。

(三)体育锻炼能够有效提高人的智力

智力与人的工作和生活具有密切的关系,并且随着人们体力劳动向脑力劳动的转化，智力因素将会在生产力中发挥着愈来愈重要的作用。另外，人类的很多非智力因素，如气质、意志、情感等都与智力密切相关。

体育锻炼对于人们智力的发展具有积极的促进作用，这是客观存在的事实。众所周知，人们的智力活动是大脑和中枢神经系统的机能，良好的体质和健全的神经系统则是人们智力发育和发展的基础。科学研究认为，人的智商的高低，与大脑的物质结构和机能具有密切的关。人们经常进行体育锻炼能够促进人体对大脑的能源物质和氧气的供应，促进大脑神经细胞的生长发育，使得大脑神经细胞的分支和突起增加，使人们能够接受更多的信息。

在运动过程中，各种运动动作能够对大脑和神经系统形成各种信息刺激，促进大脑皮层活动的强度、协调性和灵活性。通过参与体育锻炼能够有效促进人们对环境和事物的敏锐感知能力，提高人们的灵活思维能力，还能够促进其记忆力的提高。以上的这些大脑和神经系统的结构和机能上的变化能够有效提高人的智力。

（四）体育锻炼促进认识能力的提高

体育锻炼各项目都有一个共同的特点，即在运动或高速运动中要求运动者既要能对外界物体（如球、器械、环境等）做出迅速准确的感知与判断，又能迅速感知、协调自己的身体以保证动作的完成。通过长期的体育锻炼对促进人的感觉、知觉能力的发展，提高人的反应速度和直觉判断能力有着积极的作用，可以让人变得敏锐、灵活。

另外，一些体育运动能够促进人们知识水平的提升，并提高其知识的运用能力。最为典型的野外生存运动和定向运动，其需要参与者能够熟练运用指南针、地图，并能够辨别相应的植物、动物，其认识能力在运动过程中得到了一定程度的提升。

四、体育锻炼对多种疾病的预防和治疗

(一)对循环系统疾病的预防和治疗

心脏病属于循环系统疾病,其是威胁人类生命的最大杀手。一般心脑血管疾病的发生多由于血管狭窄,造成大脑和心脏的供血能力下降,造成心脏和大脑组织的损伤。这些慢性心血管疾病常表现为心梗和脑梗。参加体育锻炼能够对循环系统的疾病进行有效的干预和预防。随着年龄的增加,人体的血管也会逐渐变得较为狭窄,通过参加体育锻炼能够有效延缓这一过程,从而使得心脏和大脑具有更强的疾病预防能力。因此,坚持体育锻炼是预防心血管疾病的重要手段。

(二)对运动系统疾病的预防和治疗

随着年龄的增长,人体的各种运动系统疾病也逐渐对人的健康造成一定的影响。常见的运动系统疾病有骨质疏松、关节退行性变,以及肌肉组织的萎缩等。这些疾病的发生严重影响了人体的运动功能,甚至会造成身体活动的障碍。

骨质疏松是一种较为隐匿的疾病,它是人体衰老、骨量丢失的必然现象。大学生通过体育锻炼能够有效提高骨骼的生长发育,使得骨密质增加,有效应对增龄性骨量丢失,从而达到预防骨质疏松的目的。

合理进行体育锻炼,避免关节的过度磨损,能够有效预防运动损伤的发生,促进骨关节的健康,保持关节的各项功能。

(三)对代谢系统疾病的预防和治疗

糖尿病是最为常见的一种代谢性疾病,其已经成为影响人体健康的重要疾病。人们从食物中摄取淀粉和糖类,并进行消化、吸收、利用,如果这些过程出现异常,就可能引起糖尿病。人们在

进行体育锻炼时，机体的各肌群能够有效消耗糖和脂肪，对于糖尿病的预防具有积极的意义。

另外，肥胖、血脂异常以及痛风等疾病也属于代谢系统疾病，通过进行体育锻炼，并形成健康的饮食和生活习惯，能够对这些疾病起到良好的预防和治疗作用。

（四）对其他疾病的预防和治疗

1. 免疫系统疾病

人的免疫功能对人的健康水平具有重要的影响，它起着抵御外来病害，维持内部稳定的作用。如果人体的免疫系统功能不强，则容易受感冒等急性传染性疾病的困扰。另外，动脉粥样硬化、糖尿病和肥胖症等也与免疫系统具有密切的关系。通过体育锻炼能够使得免疫系统功能增强，并保持在良好的状态，提高人体抵御疾病的能力。但是需要注意的是，过度运动则可能造成人体免疫系统功能下降，降低身体的抵抗能力。

2. 肝、胆疾病

肝脏的脂肪代谢在体育锻炼的作用下会变得更加活跃，肝细胞中的脂肪组织通过糖异生的作用被转移入血液中，并且在运动过程中被消耗掉，这对于脂肪肝能够起到良好的预防和治疗作用。另外，体育锻炼还能够促进胆囊的蠕动，从而促进胆汁的排放，减少胆囊内胆汁的淤积，有效预防胆囊炎、胆结石等疾病的发生。

3. 泌尿系统疾病

在体育锻炼的作用下，能够使得人体的平滑膀胱肌变得强壮有力，膀胱括约肌功能增强，从而膀胱的尿液储存能力提高，有效预防和治疗膀胱肌无力性尿失禁症。另外，运动过程中，还会对前列腺具有一定的按摩作用，促进前列腺液的分泌，从而有效预防前列腺增生。

4. 心理障碍和疾病

心理状态对人的健康状况也具有重要的影响，这种影响是潜移默化的。良好的情绪状态能够有助于疾病的预防、治疗和康复。而体育运动则能够有效释放人体的各种不良情绪，分散心理压力和精神疲劳，从而使人体保持良好的情绪和心理状态，对于心理障碍和心理疾病具有良好的预防和康复作用。

总而言之，参与体育锻炼能够有效促进人体健康水平的发展，促进生命质量的提高，并在一定程度上降低疾病的发生率，提高人们的寿命。通过体育锻炼能够促进机体各项生理机能的发展，全面提高身体的内分泌活动，提高内脏器官的功能，使得人体的新陈代谢水平提高，减少疾病的发生率。体育锻炼对于人体健康的促进作用是显而易见的。

第二节　大学生体育锻炼促健康的基本常识

一、体育锻炼的时间选择

什么时间进行体育锻炼、不同时段进行体育锻炼的负荷量等方面都是需要体育锻炼者关注的问题。目前，关于哪个时间段进行体育锻炼的效果最好并没有科学的定论，体育锻炼者可根据自身的习惯进行合理的选择。在一天的不同时段进行体育锻炼具体注意事项如下。

(一)早晨运动

早晨进行运动健身是很多人的选择。经过晚上的充分休息，人往往保持充沛的体力和精力。另外，在早晨，空气质量一般相对较好，更加适合进行体育运动。但是，需要注意的是，在早晨进行体育锻炼时，运动量不宜过大，这主要是因为身体机能并没有处于最佳的状态，需要一个适应的过程。很多人在早晨进行运动时多为空腹运动，如果运动量过大，则可能会造成低血糖症状。因此，在早晨进行体育锻炼时，可选择一些中等强度的有氧运动，如健身走、太极拳等。

（二）上午运动

上午进行体育运动时需要注意，由于饭后一小时、饭前一小时不适合进行体育锻炼，所以，上午进行体育锻炼的时间一般在早饭后两小时左右进行。如果饭后过早运动，会影响对人体的消化、吸收；临近饭前进行体育锻炼则可能会影响人体的食欲。为了更好地促进入体的健康，在安排上午的体育锻炼时，不宜安排大运动量的运动。

（三）下午运动

很多人都会选择在下午进行体育运动，运动时间相对较长，运动者可根据自身的需要安排相应的体育锻炼。在进行大强度的运动之后不宜马上用餐。需要注意的是，在下午进行体育锻炼时，城市中工业污染和汽车尾气污染相对较为严重，空气质量相对较差。因此，在进行体锻炼时，应选择空气质量相对较好的场所。

（四）傍晚运动

傍晚进行体育锻炼时，应与上床休息的时间相隔一个小时以上，在体育运动锻炼之后，有充分的时间进行整理和休息，这样不仅能够取得一定的体育健身效果，还能够有利于睡眠。傍晚进行体育锻炼时，运动量不宜过大，否则会影响肠胃的消化和吸收。如果在睡前进行剧烈的运动，则会使得机体处于兴奋的状态，从而影响人的睡眠。

二、体育锻炼的环境卫生

人们生活的环境与身体健康状况具有密切的关系，在体育锻炼时，了解环境对体育锻炼的影响，对于身心健康的发展具有极为重要的意义。下面将对自然环境对人的健康的影响进行分析。

（一）空气

1. 空气对人体健康的影响

空气是人体赖以生存所必不可少的环境因素之一。它对人体的生命与健康有极为重要的卫生意义，尤其对物质代谢、气体代谢和热代谢（体温调节）等方面的作用更为重要。人体通过呼吸功能与外界环境随时进行着气体交换。当空气中氧含量降低至10%时，人体可出现恶心呕吐，中枢神经活动减弱。当氧含量降至7%～8%时，对一般人来说是一个危险界限，可出现窒息、体温下降、昏迷、循环障碍，甚至死亡。

成年人每天约呼吸1 000升空气，其质量约13.6千克。人在生命活动过程中需要吸入足够的氧气。新鲜空气可以振奋精神，消除疲劳，提高学习和工作效率，也能改善睡眠、呼、吸功能，提高基础代谢。在体育锻炼时，机体为了满足运动时氧的需要，内脏器官呼吸、循环系统的活动相应加强，特别是呼吸加深加快。如果空气不清新，含灰尘杂质和有害气体较多，不但直接影响空气中氧的含量，使体内氧的补充受到影响，而且，其中夹带的细菌、病毒还容易进入体内，引起呼吸道及其他疾病。因此，体育锻炼时，更要注意在空气新鲜的环境下进行。为了防止灰尘进入肺内，应当养成用鼻子呼吸的良好习惯，因为鼻腔中的鼻毛和黏膜分泌的黏液对空气中的灰尘、细菌等有一定的清除作用。

2. 空气中的主要有害成分

每天都有无数火炉、锅炉在燃烧，无数的机动交通工具在奔驰。火炉、锅炉和交通工具都需要以煤或石油产品为能源，随着煤和石油产品的燃烧，各种有害物质散播到了大气中，污染了空气。

二氧化硫是煤燃烧的副产物之一，空气中有百万分之六的二氧化硫时，人就会感到一种呛嗓子的气味。硫和水蒸气反应生成硫酸，随雨下降就是酸雨，随雾飘浮在空中就会腐蚀建筑物等。

氧化氮是氧和氮在燃烧中形成的气体，有毒。大马力的汽车会产生较多的氧化氮。

PM2.5 又称为细颗粒物、细粒、细颗粒。它是空气中空气动力学当量直径小于等于 2.5 微米的颗粒物。这种颗粒能够较长时间悬浮于空中，随着其在空气中的浓度的增加，空污染也越严重。PM2.5 颗粒小，面积大，在大气中停留的时间长，并且易附带有毒、有害物质，其随呼吸进入肺泡后，直接影响肺的通气功能。人长期暴露在颗粒污染严重的空气中，可能引发心血管病和呼吸道疾病以及肺癌。

3. 空气污染对人体健康的害处

空气污染对人体的害处，可概括为以下三个方面。

(1)急性危害。因气候条件，大量空气污染物不能扩散或转移，或因工厂一次性大量排放有害物质，人们在短时间内吸入很多有毒物质，就会发生急性中毒。

(2)慢性危害。长期生活在污染区的人，呼吸系统受到空气中有毒气体的慢性刺激，呼吸道的防御功能受到损害，就容易患感冒、支气管炎、肺炎等疾病。大气中的烟尘颗粒，也是造成慢性危害的主要因素。

(3)致癌作用。在空气污染物中，有致癌作用的物质达 30 多种，最主要的是来自煤烟、汽车尾气和柏油马路灰尘等。其中一些毒性物质致癌作用很强，长期刺激皮肤，会使人患皮肤癌；长期吸入呼吸道，会使人患肺癌。许多国家的统计都表明，城市肺癌发病率高于农村，这与城市空气污染严重具有重要的关系。

4. 到空气新鲜的地方去锻炼效果更好

新鲜空气一般是指含氧较高、含杂质和灰尘较少的空气。在含氧较多的新鲜空气中运动，能帮助我们提高运动能力，提高体育锻炼的效果。氧是维持生命和健康所必需的，在剧烈运动时，如果氧供应不足，新陈代谢不能顺利进行，就不能坚持很长时间。

脑力劳动时单位重量的脑组织消耗氧则更多，大大超过了单位重量肌肉所消耗的氧。大学生长期在人数较多并且不通风的场所学习时，由于空气中含氧较少，二氧化碳较多，氧供应不足，使血液里的含氧量降低，所以会感到头昏脑涨。所以在课间或做运动锻炼时应当到室外空气新鲜的地方去，同时要多做深呼吸，以改善血液中的含氧量，促进脑的机能改善，提高工作、学习效率。

需要注意的是，人体对缺氧的耐受力可以通过相应的体育锻炼来提高。一些运动项目的运动员通过相应的训练，可以明显提高在空气中缺氧时的耐受力。大学生可通过相应的运动训练来提升这方面的能力。

（二）气温

人类是恒温动物，体内应保持恒定的温度。气温的高低对人体的体温调节和新陈代谢有很大的影响。在不同的气温下，人体的新陈代谢强度和散热方式会发生相应的变化以保持体温的恒定。气温在21℃左右时是人体最适宜的温度，此时的生理机能最佳，这时机体的工作能力发挥最好。

在气温超过35℃时，人就会因大量出汗、体液减少而导致体内环境的改变，运动能力下降，甚至会出现痉挛、中暑等情况。适应热环境者在气温较高时可进行运动，但应注意避免阳光直射，运动时应穿浅色、轻薄和通气良好的服装，运动量由小到大，逐渐达到预定的要求。要经常性地补充水分，适当的淡盐水更好，如出现头晕、抽筋、皮肤湿冷等状况，要立即停止运动，到阴凉处进行处理。一般人对热环境的适应需4～8天。

低气温对人体的损害主要是造成局部冻伤。在较冷的环境中进行体育锻炼，会给机体带来一些不利影响，如肌肉工作能力下降、运动能力受到影响。在寒冷环境中，人可能由于体温散失过多而出现头晕、协调能力下降、步幅不稳。在进行体育锻炼时，如果能循序渐进，坚持在冷环境中运动，就可改善人体对寒冷的适应能力，提高耐寒力，有利于身体各系统机能的进一步加强。

在寒冷环境中进行体育锻炼时，应选择合适的保温、防寒运动服装，太臃肿的服装会给运动带来不便，还会导致体热不宜散出；锻炼前要充分做好准备活动，这样既有利于达到预期的运动效果，又可有效防止运动中出现损伤。

（三）湿度

空气的湿度主要是加强气温对人体的作用，影响人体的散热过程。在高气温下，空气湿度大，就会使机体的蒸发散热受到阻碍，体热蓄积而易造成中暑。而当低气温时，空气湿度大会增加机体的传导散热，使人感到更冷，并易造成冻伤。因此空气湿度过大或过小均对人体不利。正常情况下，空气的相对湿度以30％～70％为宜。

另外，空气湿度增加还能加重污染程度，这是因为水蒸气容易以烟尘微粒为凝结核而形成雾，使有害气体不宜扩散，所以雾天空气污染比较严重，不宜在室外进行锻炼。

（四）太阳光线

在夏季进行体育锻炼时，强烈的阳光可能晒伤，甚至引发人体中暑。因此，在进行体育锻炼时，应注意防晒避暑，避免在阳光强烈的地方进行体育运动。

阳光中有紫外线和红外线。紫外线带有很大的能量和很强的化学刺激作用，是一种消毒杀菌能力很强的光线。皮肤经它照射后，能提高抗病能力，还能使皮肤里的7-脱氢胆固醇转变成维生素 D。另外，紫外线还能刺激人体的造血功能，使骨髓产生更多的红细胞，对预防贫血有一定的作用。红外线是产生热作用的射线，对人体起温热作用。它的热能可穿过皮肤深入肌肉组织，使血管扩张，加快血液循环，改善人体的供能，增强物质代谢，同时还可以兴奋神经，使人精神振奋。

三、体育锻炼的生活卫生

（一）睡眠与健康

睡眠是人们消除疲劳保持身体健康的生理功能之一，是一种重要的生理现象，是人脑和各器官的一种最基本的休息方式。著名的生理学家巴甫洛夫认为：脑组织中存在着一种抑制灶，当抑制灶处于优质状态时抑制就会向周围弥散，引起大脑皮层的普遍抑制，从而产生睡眠。人处于睡眠状态时，一切感觉功能和生理功能都下降到最低水平，人体似乎与周围环境暂时失去了联系。睡眠时心脏活动减慢，变弱，血压降低，呼吸减慢，尿量减少，体温略有下降，人体的代谢率偏低，整个机体处于调整和恢复状态之中。

一个人每天都要有充足的睡眠。睡眠时间的长短，要根据不同的年龄而定。一般来说，学龄前儿童每天需要 10 小时的睡眠，青少年每天需要 9 小时的睡眠，成年人每天需要 8 小时的睡眠。

睡眠时间长并不等于休息好。衡量睡眠的标准主要是“质”，即睡眠深度。像“春眠不觉晓”形容的那样，深沉而恬静，一觉到天亮，才能有效地消除疲劳。如果睡眠质量高，可适当缩短睡眠的时间。

要想提高睡眠的质量，首先要养成良好的生活习惯，每天按时睡觉，按时起床；其次，要为睡眠创造良好的条件。卧室要安静，空气要流通，光线宜暗，被子要轻软暖和、清洁卫生，这样有助于入睡。注意睡前不要喝浓茶、咖啡，也不要吸烟，因为这些对大脑都有刺激作用，容易引起兴奋。

长期失眠使人感到很痛苦，也会影响人的健康。引起失眠的原因是多方面的，有些大学生往往是由于学习、上网、打牌、下棋、跳舞等过度，打乱了正常的生活规律，影响了睡眠的节奏，致使精神长期处于紧张状态，导致大脑皮层的兴奋与抑制发生紊乱，造成失眠。在这种情况下，必须从调整生活、学习时间安排入手，恢复正常的生活节律，才能使失眠得到治愈。同时，失眠往往不是一种孤立的症状，还可能与高血压、心脏病、神经衰弱等疾病有关。因此，如果连续几天失眠应及时去医院检查诊治，只要原发病治愈，失眠症状也会随之消失。

为了使得睡眠质量提高，在睡前应注意避免过于兴奋，避免进行剧烈的体育锻炼。在睡前应先静心，保持良好的心态，这样才能够更好地进入睡眠状态。

（二）戒除不良嗜好

1. 戒烟

世界卫生组织和各国科学家做了大量的社会调查和科学试验，证明吸烟对健康有很大的危害。吸烟能诱发和加重多种疾病，降低人体的健康水平，甚至缩短人的生命。

吸烟的危害在于，香烟中所含的大量有毒物质，会伴随吸烟活动进入人体，侵蚀机体的健康。在这些物质中危害最大的是烟碱、烟焦油和微尘，其中烟碱（尼古丁）是神经系统和血循环系统的杀手，毒性强烈；而烟焦油则与喉癌、口腔癌、食道癌、胃癌特别是肺癌关系密切；一支香烟中有几万粒微尘，而吸入大量的微尘，不断刺激气管的黏膜，就会引发咽喉炎、嗓子变哑、咳嗽和支气管炎等症。人在刚开始吸烟时并不适应，会引起胸闷、恶心、头晕等不适，但如果吸烟时间久了，血液中的尼古丁达到一定浓度，反复刺激大脑并使各器官产生对尼古丁的依赖性。

吸烟不仅害己，还会害人。一些不吸烟的人，如果处于烟雾弥漫的场所，会吸入吸烟者喷出的烟雾，称之为被动吸烟，危害也很大。

2. 饮酒切忌过量

酒的主要成分是酒精，也称乙醇，是一种有毒物质，如果大量摄入，会毒害人体的一切细胞，对身体产生破坏作用。

人体的神经系统对酒精极为敏感，有些人饮了少量的酒后，会变得“健谈”起来，这就是中枢神经系统功能失调的初期表现。

酒精对心脏危害较大，长期过量饮酒，会使心脏变性，失去正常的弹力而增大。长期饮啤酒的人，心脏扩大最为明显，医学上称之为“啤酒心”。酒精还会使血液中的脂肪物质沉淀在血管壁上，使血管变窄，血压升高，增加心脏的负担。

当然，人们在紧张的学习、工作之余，饮少量的酒，对解除学习和工作的疲劳，促进消化液的分泌，增进食欲是有一定作用的，但切忌过量。

（三）劳逸结合

学习时间长，大脑会出现疲劳现象，学习效率下降，视力也受到影响，这时就需要进行休息和调整。最好的方式是采用积极性的休息，如进行体育活动或散步等。每天保证 1 小时的锻炼时间，能够提高大脑的反应能力，对于保持视力健康也具有积极的意义。

如今电脑逐渐普及，已经成为大学生生活和学习中的标准配置。但是，很多大学生没有养成良好的使用电脑的习惯。很多学生连续几个小时盯着屏幕看，常会感到眼睛疲劳，有时头痛，甚至会眼睛聚焦困难，看东西模糊；有的由于长时间玩电脑游戏，不但视力受到很大影响，还使大脑长时间处于紧张状态，导致肠胃功能紊乱而影响健康。

大学生是不折不扣的“晚睡族”，其精力充沛，白天被学习所束缚，晚上才会有充足的时间做一些喜欢的事情，因此很多大学生通宵熬夜成了常态。“开夜车”现象常常出现在考试前夕，这样的学生为数不少。很多学生平时不努力学习，到考试前来个突击复习，熬通宵。这样做最大的危害是使人体的生物钟被打乱，导致睡眠不足，影响大脑功能，容易引发失眠和神经衰弱等病症，所以说是不可取的。

（四）运动服装与卫生

在进行体育锻炼时，穿合适的运动服装是非常重要的。并且不同的运动对于服装也会有不同的要求。运动衣要轻便、舒适，夏季以浅色薄运动衣裤为好，冬季在不妨碍运动的前提下，应注意衣服的保暖性。另外，运动服装还应有较强的透气和吸湿性。还要注意个人的卫生，要勤洗勤换。具体而言应注意以下几方面的问题。

1. 运动鞋

运动者在选择运动鞋时，应根据自身所从事的运动项目的特点进行选择。很多体运动都有其专业的运动鞋，如篮球鞋、足球鞋、网球鞋、舞鞋等。这些运动鞋专门针对各个运动项目的特点而设计，能够保证运动锻炼者更好地开展各项体育运动。如果篮球运动者在进行体篮球运动锻炼时不穿篮球运动鞋，则在运动时可能很容易滑倒，并且还可能出现脚部的损伤；另外，篮球运动对于鞋子的磨损也较大，一般的鞋子根本无法满足篮球运动的需求，普通的鞋子在运动时会很容易损坏。

在选择运动鞋时，一定要试穿，确定鞋子的大小与脚的大小相契合，如果过大或过小，都会对体育锻炼造成不利影响。另外，运动鞋应有助于透气、排汗，尽量不要选择橡胶运动鞋。运动鞋也不应太重，避免脚部负担过重。

除了挑选合适的运动鞋之外，还应注重选择专业的运动袜，运动袜应相对较厚，不仅有利于汗液的吸收，还能够缓冲运动过程中的震动。另外，运动袜还能减少脚部摩擦受伤。

2. 运动衣

运动衣一般要相对较为宽松，在运动过程中使人感觉较为舒服，并且能够由于血液的循环，保证人体的正常代谢物的排泄。如果运动服紧身，则可能不利于汗液的排泄，还可能造成皮肤的擦伤。另外，紧身的衣物也会对人体的肢体和关节具有一定的束缚作用，不利于运动中各种动作的完成。

在运动中，还应注意及时更换衣物，如在天气较凉时进行运动，排汗量增加时应及时去除外套；在运动之后应及时增加衣服（应及时更换被汗水浸透的衣服）。

需要注意的是，很多人认为，穿着不透气的衣服进行体育锻炼能够增加人体的排汗量，从而达到减肥的目的。这是一种错误的观点，这很容易造成人的脱水和中暑，从而给人体带来一定的伤害。

四、女大学生体育卫生与保健

女子经常参加体育锻炼，不仅可以促进身体的生长发育，增进健康，提高身体各器官和系统的功能水平，使之能更好地胜任对身体要求较高的工作任务，而且还可以使身体各部分的肌肉得到协调均匀的发展。特别是通过体育锻炼能使腹肌、腰背肌和骨盆底肌的肌肉力量得到增强，这对于其以后妊娠期的身体健康具有积极的作用。

（一）女子体育锻炼的注意事项

青春发育期后，由于男女少年在身体形态与生理机能及素质方面逐渐出现明显的差别，而且女子从少年开始有月经来潮，因此，在进行体育锻炼时，必须要考虑到身体的解剖生理特点，为此提出以下几个方面的体育锻炼要求：

第一，女子心血管、呼吸系统机能较差，锻炼的强度、时间及负荷量在运动时需要根据其主观感受确定。

第二，女子肩部较窄，臂力较弱，做悬垂、支撑及大幅度摆动动作较为吃力，在学习这些动作时，要注意循序渐进。

第三，女子身体重心较低、平衡能力较强、柔韧性较好，适宜进行健美操及体操等活动。在锻炼中，应注意保持和发展其柔韧性，有意识、有步骤地使她们加强肩带肌、腹肌、腰背肌和骨盆底肌的锻炼。

第四，不宜做过多地从高处跳下的练习，地面不可过硬，并注意落地姿势，以免使身体受到过分震动，影响盆腔脏器的正常位置及骨盆的正常发育。

第五，通过体育锻炼发展力量、速度和耐力等素质，提高女大学生的健康水平和运动成绩，并且养成长期锻炼的好习惯。

（二）女子月经期的体育卫生

月经是女子正常生理现象，在月经期间，人体一般不出现明显的生理机能变化。因此，月经正常的女子在月经期间，可以参加适当的体育活动，如做广播操、打乒乓球、羽毛球或打排球等活动。通过这些活动，不仅可以改善盆腔的血液循环，减轻盆腔的充血现象，而且运动时腹肌与骨盆底肌的收缩与放松活动对子宫所起的柔和的按摩作用，还有助于经血的排出。此外，丰富多彩的体育活动还可以调节大脑皮层的兴奋和抑制过程，从而减轻全身的不适反应。月经期进行体育锻炼应注意以下几方面的问题。

1. 运动量应相对减少

由于一般人在月经期间身体的反应能力、适应能力和肌肉力量会有所降低，神经调节的准确性及灵活性也有所下降。因此，月经期间运动量的安排要适当减少，活动时间不宜过长。月经期间一般不宜参加比赛，因为比赛时，活动强度较大，精神过于紧张，体力及神经系统都不能适应，易导致卵巢功能失调引起经血过多或月经紊乱。

2. 不宜进行游泳运动

月经期间除应注意经期一般卫生外，还不宜游泳。因为经期子宫内膜脱落后，子宫内形成较大的创面，子宫颈口略为开大，宫腔与阴道口位置对直。此时，人体全身与局部对病菌侵袭的抵抗力下降，游泳时病菌可能侵入内生殖器官，进而引起炎症。此外，月经期间也应避免寒冷刺激，特别是下腹部不应受凉，冷水浴锻炼也应暂停。

3. 不宜进行剧烈运动

月经期间应避免做剧烈的、大强度的或震动大的跑跳动作（如疾跑、跨跳、腾跃、跳高、跳远等），以及使腹内压明显增高的屏气和静力性动作（如推铅球、后倒成桥、收腹、倒立、俯卧撑等），以免子宫受到过大的震动或由于腹内压过于增高而使子宫受压、受推，造成经血过多或引起子宫位置的改变。

4. 不宜进行体育锻炼的女性

对月经紊乱（经量过多、过少或经期不准）以及痛经（经期下腹部疼痛）和患有内生殖器炎症的女生，在经期间应暂停体育活动。

五、体育锻炼的常见误区

（一）体重越轻越好

很多大学女生认为，体重越轻越好，这是一种错误的观念，应及时进行纠正。现代人以瘦为美，并且瘦身已经成为一种时尚，在这种“时尚”的影响下，减肥成为很多女性日常生活中的重要活动。但是，关于体重，我们应从三方面进行理解：首先，肥胖有害健康，这是人们普遍认可的；其次，减肥是要减去体内多余的脂肪；其三，体重过低不利于人体的健康。

当人体肥胖时，其体内脂肪过多，这会以引起人体的生理和心理的不良变化，对健康形成一定的威胁。当人过于肥胖时，高血压、心脏病糖尿病等疾病的发病率会增高，并且其也更容易患上脂肪肝、内分泌紊乱等疾病。另外，由于现代社会以瘦为美，肥胖会让人产生一定的心理压力，形成一定的心理障碍。因此，如果肥胖，则通过多种手段来减去体内的多余脂肪。

但是，需要注意的是，脂肪组织是人体的重要组成部分，具有多方面的生理功能，如保温作用，保护和固定作用，供给脂肪酸作用，携带脂溶性维生素并促进吸收的作用等。如果处于青春期的女性其体内脂肪含量不足体重的 17％时，就很难形成月经初潮，不利于生殖系统的发育以及功能的完善。体重过低还会造成免疫力降低、骨质疏松、女性月经不调等，影响成年人的体质健康。

（二）减肥就是降体重

很多人将减肥和降低体重混为一谈，将两者等同起来，这是一种错误的观念。人体包括 50％～60％的水分、15％～30％的脂肪和 15％～30％的肌肉和骨骼。减肥是减去体内多余的脂肪，而减重则并不一定是体内脂肪的减少，这是一种不科学的健身方法。竞技运动员为了竞技项目的需要，往往采用减重的方法来符合各个级别的体重标准，或获得一定的体重优势。

在进行减肥之前，应对自身身体成分进行测量，重点关注体脂的百分比，如果体脂百分比并不高，则不必进行减肥。如果女性体内脂肪低于 10％～12％，则可能出现月经紊乱、缺铁性贫血、免疫力降低等问题。

（三）跑步是有氧运动、力量练习是无氧运动

很多人认为跑步、游泳是有氧运动，而力量练习和球类运动是无氧运动，这是一种错误的观点。有氧运动与无氧运动之间的区别并不在于运动的形式，而是在于人体在运动时的能量代谢方

式。当人们吸入的氧气能够满足机体在运动时对于氧气的需要时，氧气的供应达到了供需平衡，人体的能量代谢方式主要是有氧代谢。如果人体吸入的氧气量并不能满足人们运动的需求时，则人体提供能量的主要方式则转变为无氧代谢——糖、脂肪和蛋白质的分解代谢。

以最简单的跑步运动为例，当人跑的速度较慢时，运动强度相对较小，此时机体的供能方式主要是有氧代谢，则运动也为有氧运动；当跑速较快时，则人体的供能方式主要是无氧代谢，则该运动为无氧运动。因此，我们不能将一项运动简单地归纳为有氧运动与无氧运动，更应该注重其运动的强度。

第三节　大学生体育锻炼促健康的原则与方法

一、体育锻炼的原则

（一）自觉性原则

人们在进行体育锻炼时，一般都会有相应的目的性，人们自觉地投入其中，才能够起到更好的锻炼效果。自觉性原则是进行体育锻炼的基本原则，为了提高学生进行体育锻炼的积极性，首先应提高其对体育运动的认识，树立终身体育思想。要使学生能够掌握相应的知识和技能，并且在以后的工作和生活中能够运用所学内容积极进行体育锻炼。体育锻炼的制约性和监督性都不强，锻炼者有很大的自主性，如果没有一定的自觉性，则很难坚持进行体育锻炼。

为了促进自觉性的提高，学生应明确锻炼的目的，一个人的动机决定一个人行动的质量。比如：有人是为了更健全的生长发育；有人是为了某些运动技能与成绩的提高；有人是为了调节紧张的学习生活；有人是为了更健美结实；还有人则是为了锻炼意志、防治疾病。只有明确了目的、强化动机，才能够更好地贯彻自觉性原则。

（二）针对性原则

针对性原则是指锻炼身体应从个人的实际情况和外界环境条件的实际出发，确定锻炼的目的，选择适宜的运动项目，合理地安排运动时间和运动负荷。这是增强身体素质及提高运动水平必须遵守的原则。

首先，要从自身的实际出发。由于性别、年龄、体质和健康状况的差异，锻炼要从自己的实际情况出发，有目的地选择和确定运动项目、练习方法，合理地安排锻炼的时间和运动负荷。在每次锻炼前要评估自己当时的健康状况，使运动的难度和强度不超过自己身体承受能力。如果违反人体发展这一基本规律，只能损害身体健康。

其次，要从外界环境出发。参加体育运动时，要从季节、气候、场地、器材等外界条件的实际情况出发，按照科学锻炼的方法，来选择运动项目、练习时间、运动负荷，才能收到良好的锻炼效果，如在冬季应着重发展耐力和力量素质，在春秋两季重点进行技术性项目，在炎热夏天，游泳是比较理想的运动项目。但在复杂运动时不要在阳光下运动时间过长；在力量训练前要仔细检查器械，避免事故的发生。

（三）循序渐进原则

循序渐进原则是指体育锻炼的内容、方法和运动负荷等，必须根据人对事物的认识规律、动作技能形成规律和生理机能的负荷规律，由小到大、由易到难、由简到繁、由低级到高级逐步进行。在体育运动中，最忌急于求成，想“一口吃个胖子”，只能事与愿违，甚至还会造成伤害事故或给身体带来某些生理损伤。因此，进行体育运动时，学习动作要由易到难，运动量由小到大，运动强度(刺激强度)应由弱到强。同时,还应根据年龄、性别、身体素质水平,因人而异地安排练习的内容,这样才能收到良好的效果。

体育锻炼负荷的适量性是循序渐进原则的内在要求。在体育锻炼的不同阶段,应安排合适的负荷量,并随着体育锻炼的进行而积极对体育锻炼的负荷量进行相应的调整,这样才能够使体育锻炼的效果达到最佳。

(四)经常性原则

经常性原则是指身体锻炼必须持之以恒,使之成为日常生活中的重要内容。运动技术的形成和提高,人体各组织系统机能的改善,是肌肉活动反复多次强化的结果。锻炼不经常,后一次锻炼时,前次锻炼的痕迹已经消失,失去了累积性的影响作用,因此效果也就很小,甚至不起作用。同时,运动技能的形成,人体结构、机能的改善,身体素质提高,都受着生物界"用进废退"规律的制约。不经常锻炼,已取得的效果也会逐渐消退。俗话说"拳不离手,曲不离口",所揭示的就是这个道理。

为了更好地贯彻经常性原则,应注意养成来良好的体育锻炼习惯。在进行体育锻炼之前,应制定相应的体育锻炼计划,并按照相应的计划进行锻炼,形成规律的习惯和稳定的生物钟,这样锻炼才能够持之以恒。

(五)全面性原则

全面性原则是指身体锻炼应全面发展身体的各个部位、各器官系统的机能、各种身体素质和活动能力,追求身心的和谐发展。体育运动,不仅应包括不同身体部位的活动,更重要的是应该包括多种项目和不同性质的活动,进行全面锻炼。

身体各系统都是相互联系、相互制约的,身体某一方面的发展必然会影响到其他方面的发展,而全面发展,就能相互促进,共同提高。大学生大多处于生长发育的最后阶段,身体仍具有一定的可塑性。因此,在体育运动中贯彻全面性原则尤为重要。体育项目对人体锻炼的作用各有不同,如参与短跑运动能够发展速度素质,参与投掷、举重运动则能够发展人的力量素质,而参与长跑运动则能够使人的耐力素质得到发展,参与篮球、足球等运动则能够发展人的灵敏性和协调性。所以,为了能够使其身体素质得到全面的发展,应对体育锻炼项目进行合理搭配。

二、体育锻炼的练习方法

(一)重复锻炼法

重复次数的多少不同,对身体的作用不同。重复次数越多,身体对运动反应的负荷量越大。如果重复次数不断地继续增加,可能使身体承受的负荷达到极点,乃至破坏有机体的正常状态,造成伤害。

运用重复锻炼方法,关键是掌握好负荷的有效价值范围(即最有锻炼价值负荷量下的心率)并据此调节重复次数。在重复锻炼中,对负荷如何控制,怎样去重复才能达到理想效果的负荷程度,应视实际情况而定。

在采用该方法进行练习时,既要保证每次重复练习的质量,又要克服单纯重复造成的枯燥感。重复锻炼法在一定程度上是对锻炼者意志力的锻炼。

(二)间歇锻炼法

人们认为体质增强的过程是在运动中实现的,其实体质内部增强过程主要是在间歇中实现的,是在休息过程中取得了超量恢复。若是离开在休息中取得超量恢复,则运动就变成对增强体质毫无意义的事情,甚至起不了作用。间歇对增强体质的作用并不亚于运动本身。自古以来就有以静炼身的经验,在现代科学的基础上,人类更清楚地认识到在间歇时间内有机体的各种变化,认识了保持同化优势的重要性,所以把间歇作为一种健身的基本方法。

与重复锻炼法一样，间歇的时间也要依据负荷的有效价值标准去调节。一般说来，当负荷反应（心率）指标低于有效价值标准时，应缩短间歇时间；而在高于价值标准时，则可延长间歇时间。通过适当的间歇，把负荷量调节到负荷有效价值范围，以追求良好的锻炼效果。实践中，一般心率在130次/分钟左右时，就应再次开始锻炼。间歇时，不要做静止休息，而应边活动边休息，如慢速走步，放松手脚、伸伸腰腿或做深而慢的呼吸等。这是因为轻微活动可使肌肉对血管起到按摩作用，帮助血液流回和排除代谢所产生的废物。

（三）连续锻炼法

从增强体质的良好效果出发，在需要间歇的时候就停一会儿，在需要连续的时候就持续地进行下去，所以不能仅讲究间歇，还要讲究连续。连续、间歇、重复都是在同一锻炼过程中实现的。连续、间歇、重复等因素各有其特有的作用，连续的作用在于持续负荷量不下降，维持在一定的水平上，使身体充分地受到运动的作用。

连续锻炼时间的长短，同样要根据负荷价值有效范围而确定，通常认为在140次/分钟左右心率下连续锻炼20～30分钟，可使机体的各个部位都长时间地获得充分的血液和氧的供应，因而能有效地发展有氧代谢能力。实践中，用于连续锻炼的主要是那些比较容易，并已为锻炼者所熟悉的动作，可以是跑步、游泳，也可以是跳迪斯科舞等。

（四）循环锻炼法

循环锻炼法由几个不同的练习点组成。当一个点上的练习一经完成，练习者就迅速转移到下一个点，下一个练习者依次跟上。练习者完成了各个点上的练习，就算完成了一次循环。

循环练习法对技术的要求不高，且各项目都采用比较轻度的负荷练习，所以练起来简单有趣。另外，在采用该锻炼方法时，关键是要按照全面性原则去搭配项目，使得身体机能、身体素质等各方面都得到一定的发展。因此，在锻炼时，应注意科学地搭配项目。

（五）变换锻炼法

变换锻炼法可以有效地调节生理负荷，提高兴奋性，强化锻炼意向，克服疲劳和厌倦情绪，以达到提高锻炼效果的目的。

在刚参加体育锻炼时，锻炼者可多做些诱导性练习和辅助性练习。随着锻炼水平的提高，应加大练习的难度，如用越野跑代替在田径场的长跑等。由于锻炼条件的变化，可使锻炼者的大脑皮层不断地产生新异的刺激，提高兴奋性，激发锻炼的兴趣，从而提高机体对负荷的承受能力，提高锻炼效果。另外，不断地对锻炼的内容、时间、动作速率等提出新的要求，可有效地调节生理负荷，使机体不断产生适应性变化，达到更好地锻炼身体的目的。

（六）游戏锻炼法

游戏锻炼法是指采用游戏的形式进行锻炼身体的方法，目的在于提高兴奋性，激发学生对运动的兴趣。在嬉笑娱乐的游戏中锻炼身体、愉悦身心，有助于减轻学生的学习压力，释放激情。这种锻炼方法和运动量可以根据学生的实际情况而有所不同。在开展相应的游戏活动时，应注重与体育课堂教学内容相结合，寓教于乐，使得学生在充分放松的环境中学习、获得相应的知识和技能。

（七）竞赛锻炼法

竞赛锻炼法是指在近似、模拟或真实、严格的比赛条件下，按比赛的规则和方式进行的锻炼方法，它是根据人类先天的竞争和表现意识、竞技能力形成过程的基本规律和适应原理、现代运动比赛规则等因素而提出的一种锻炼法。

在竞赛的条件下，可提高锻炼者锻炼的积极性。练习者在比赛中能相互交流经验，有助于全面地提高技战术水平。此外，竞赛锻炼法还可以提高锻炼者的心理承受能力，培养意志品质，形成积极的、拼搏的、良好的生活态度。当今社会各个方面都存在一定程度的竞争，在体育教学过程中，通过运用竞赛锻炼法来进行教学，能够在一定程度上树立学生的竞争意识，使其能够更好地应对以后的工作和生活。

第四章　促进大学生体质健康的运动处方研究

大学生参加体育锻炼的目的主要是增强自己的体质和掌握运动技能。在此过程中，不仅要遵循一定的规律，掌握一定的原则与方法，同时还要按照事先制定的运动处方进行，这是取得良好运动效果的基本保证。可以说，一个好的运动处方对大学生参加运动锻炼能起到事半功倍的效果。

第一节　运动处方概述

运动处方是指导人们参加体育健身锻炼的保障，它不仅提供了健身锻炼的方法，同时还指导大学生在健身过程中应如何避免运动损伤。这对于大学生参加体育运动锻炼是非常有利的。

一、运动处方的概念及要素

(一)运动处方的概念

运动处方是对运动锻炼者或康复患者，根据医学资料，按其健康、体力以及心血管功能状况，用处方的形式规定运动种类、运动强度、运动时间及运动频率，提出运动中的注意事项，指导人们科学参加体育锻炼或进行身体康复活动的一种方法。一个合理的运动处方对大学生身体素质的发展具有重要的作用及意义。这主要表现在以下几个方面。

(1)良好的运动处方能有效改善大学生的身体状态,提高大学生的身体素质,同时还能预防各种疾病,如肥胖症、高血脂、冠心病等。

(2)大学生按照运动处方的内容进行身体锻炼能有效提高综合运动能力,为掌握各种运动技能打下良好的基础。

(3)大学生按照制定好的运动进行体育锻炼,能有效避免运动损伤,提高身体锻炼的安全性。

(二)运动处方的要素

一般来说,运动处方主要包括运动方式、运动强度、运动时间和运动频率四个方面的内容,也被称为运动处方四要素。

1. 运动方式

具体来说,运动处方的运动形式主要包括以下三大类,大学生可根据自身的特点及喜好合理选择运动的方式。

(1)有氧耐力运动项目,如健身走、健身跑、游泳、骑自行车、滑冰、滑雪、划船、跳绳、越野等运动。

(2)伸展运动及健身操,如广播体操、气功、武术、舞蹈及各类医疗体操和矫正体操等。

(3)力量性锻炼,如自由负重练习、负重健美操等运动。

2. 运动强度

运动强度是指在单位时间内所完成的运动量。对于大学生来说,运动量的安排一定要合理,否则就会对机体造成一定的伤害而影响进一步的锻炼。在制定运动处方时,要遵循因人而异、循序渐进的基本原则,选择运动负荷强度时,择要根据心率、自感用力度、最大吸氧量贮存百分比进行定量化设计和监测。选择的运动强度不要过高也不要过低,过高则容易发生运动损伤,过低则起不到应有的锻炼效果。

3. 运动时间

一般来说，在运动锻炼中，总运动量＝运动强度×运动时间。在总运动量确定的情况下，运动强度与运动时间成反比。运动强度较大则运动时间较短，运动强度较小则运动时间较长。需要注意的是，在增加运动量时，先延长运动时间，然后再提高运动强度。

4. 运动频率

对于不常参加运动锻炼或者体能素质较差的大学生来说，一般一周进行三次运动锻炼就可以满足机体运动的需要，有效地增进自己的有氧适能。但是如果大学生想要进一步改善自己的有氧适能，就必须要结合自己的具体实际合理地增加运动的频率。据研究表明，体适能与运动频率之间有着非常密切的联系，为了提高体能素质，必须要根据自身的特点及实际适当地增加运动频率。需要注意的是，在运动后，大学生需要一定时间来消除机体疲劳以恢复运动能力，可以采用隔一天锻炼的运动频率。

二、运动处方的特点及功能

（一）运动处方的特点

运动处方是大学生参加运动锻炼的指导性文件，大学生按照运动处方参加运动锻炼能有效提高自己的体质水平。一般来说，运动处方具有以下几个特点。

1. 目的性强

发展到现在，可供大学生选择的运动锻炼项目有很多，但无论是哪一种运动项目，其运动处方都要有明确的目标。以健康促进为目标的运动处方，通常以强身健体和娱乐为主要目的。

2. 科学性强

在制定运动处方的过程中，一定要严格按照运动医学、临床医学与运动科学的知识与原理进行，要保证运动处方的科学性、可操作性和实效性。大量的实践与事实证明，大学生按照运动处方进行运动锻炼，能很好地增强自己的身体素质，防治疾病，提高社会适应性。

3. 针对性强

运动处方不是随意和任意指定的，其制定一定要有针对性。在制定运动处方的过程中，要针对运动者个人的健康状况、体能水平、兴趣爱好等实际情况进行，制定的运动处方要有一定的针对性和个性化。这样的运动处方才具有良好的适应性与健康促进的作用。

4. 计划性强

由于运动处方是按照一定的目标而制定的，因此具有较强的计划性。大学生依据运动处方进行运动锻炼，可使运动负荷量安排得当，锻炼得法，做到心中有数，同时也能提高运动兴趣，并逐渐养成终身运动的习惯。

5. 安全有效

大学生按照针对性和实用性较强的运动处方进行锻炼，所花费时间不多，但能收到明显的成效。大学生在参加运动锻炼后，还要对运动负荷量和运动效果进行及时的评价，以积累运动的经验和避免运动损伤的发生。

（二）运动处方的功能

运动处方是健身者进行身体活动的指导性条款，它主要根据运动者的体能水平和健康状况以处方形式确定其活动强度、时间、频率和活动方式。与一般的治疗方法相比，运动处方的效果更为明显，其功能及作用主要表现在以下几个方面。

1. 提高心肺功能

总体而言，大部分的运动处方主要采取中等强度的有氧运动。有氧运动的作用主要体现在两个方面：一是可以降低安静时的心率；二是可以增强心脏的收缩力量，增加每搏输出量，提高心血管功能。

大学生按照运动处方参加运动锻炼，可以有效增强肺部组织的弹性、提高肺活量和增加机体的摄氧量，全面改善呼吸系统的功能状况。相关研究表明，经常参加运动锻炼的人其肺活量比不经常锻炼人的肺活量要高出 500～1 000 毫升。

2. 提高人体免疫力

人体有一套免疫系统，通过免疫系统，人们能够保持机体的相对平衡，进而为参加各种活动提供保障。但是如果免疫功能出现异常情况，就会导致机体的生理失衡，进而影响到整个机体的正常生理状态，人的抵抗力就会大大降低，容易发生各种疾病。

大学生根据已制定好的运动处方参加运动锻炼，能有效增强人体的免疫力，有效避免运动损伤。合理适宜的运动负荷可以对机体中枢神经、呼吸、心血管、内分泌等系统产生刺激，从而使这些系统产生形态和功能上的适应性变化，进而使人体的免疫系统得到增强。

3. 治疗现代文明病

人类在享受现代文明带给我们便利和实惠的同时，也受到现代文明病的侵蚀。在如今强烈的竞争条件下，人们长时间的紧张导致了抑郁、焦虑、恐惧等心理疾病，现代工作条件的改善和生活水平的提高使人们肢体因缺少锻炼而导致颈椎病、肩周炎、肥胖症、冠心病、高血压、高血脂等各类疾病接踵而至，威胁着人类的健康。在这样的背景下，参加运动锻炼就成为治疗现代文明病的最为有效的方式，但是如果没有一定原则与方法的盲目的运动锻炼则会对机体产生较大的伤害，得不偿失。而制定符合自身实际情况的运动处方恰好能够满足人们的这种需求。因此这就是运动处方的价值所在。

第二节　运动处方制定的步骤及原则

在制定运动处方时，一定要掌握一定的步骤和原则，如此制定出的运动处方才能保证科学性、有效性和可操作性。

一、运动处方制定的步骤

制定运动处方时。需要掌握三个步骤，即健康调查与评价、运动试验和体质测试。各个步骤的具体内容一定要考虑清楚，要结合自身的具体实际进行。

（一）健康调查与评价

健康调查与评价的主要目的就是为了了解锻炼者的基本健康状况和运动情况。需要了解和掌握的基本情况如下所述。

（1）询问病史及健康状况：既往病史、现有疾病、家族史、身高、体重、目前的健康状况、疾病的诊断和治疗情况等。

（2）了解运动史：运动者的运动经历、运动爱好和特长、过往运动锻炼中是否发生过运动损伤等。

（3）了解运动目的：了解运动者的运动目的和动机，对通过运动来改善健康状况的期望等。

（4）了解社会环境条件：运动者的生活条件、学习及工作环境、可利用的运动设施和条件、有无健身和康复指导等。

(二)运动试验

运动试验要根据检查的目的和被检查者的具体情况而定。一般来说,运动试验主要应用于以下范围内。

(1)为制定运动处方提供必要的依据,提高运动处方的安全有效性。

(2)评定运动者体能素质。

(3)评定运动者心脏的功能状况。

(4)用于冠心病的早期诊断,及评定冠心病的严重程度及心瓣膜疾病的功能。

(5)运动试验可用于发现运动诱发的心律失常,其检出率比安静时的检查高 16 倍。

(6)运动试验可用来作为康复治疗效果的评定指标。

随着时代的不断发展,运动试验的应用范围也越来越广。目前,在运动试验中常采用逐级递增运动负荷的方法。测定时采用跑台和功率自行车。递增负荷运动试验是指在试验的过程中,逐渐增加负荷强度,同时测定某些生理指标,直到受试者达到一定运动强度的一种运动耐量试验。

(三)体质测试

在运动处方中,体质测试是选择运动项目、运动强度、运动密度,制定运动处方的重要依据。体质测试的内容有很多,其中主要包括以下几个部分。

1. 运动系统测试

运动系统的测试主要是肌肉力量的测试,主要包括手法肌力测试和围度测试两种。

(1)手法肌力测试:让受测试者在适当的位置,肌肉做最大的收缩,使关节远端作自下向上的运动,同时由测试者施加阻力或助力,以此来观察受试者对抗地心引力或阻力的情况。

(2)围度测试:这种测试方法是根据肌肉力量的大小与肌肉的生理横断面有关的生理常识来测试肌肉力量的方法。这种测试的指标主要有:上臂围度、前臂围度、大腿围度、小腿围度、髌骨上5厘米的围度、髌骨上10厘米的围度等。

2. 心血管系统测试

该测试主要包括静态检查和动态检查两种。测试的指标主要有:心率、血压、心电图等。通过心血管系统测试,可以有效测试出受试者的心脏功能,帮助其制定出科学的运动处方。

3. 呼吸系统测试

该测试的内容有很多,主要包括:肺活量测定、通气功能检查、呼出气体分析、屏气试验、日常生活能力评定等。呼吸系统测试能很好地测试出人体的运动能力,对于一些有氧运动项目来说,呼吸系统的功能非常重要,因此进行呼吸系统测试是非常有必要的。

4. 有氧耐力测验

有氧耐力测验的内容主要包括走、跑、游泳三种方式。目前,常采用的测试方式有定运动时间的耐力跑和定运动距离的耐力跑。

通过以上几个步骤的测试,可以对受试者的健康状况、体力水平和运动能力等有一个大体的了解,根据运动者的具体实际制定出的运动处方才具有较强的针对性和科学性,能保证运动锻炼活动的顺利开展。

二、运动处方制定的原则

制定运动处方时需要遵循一定的原则,这些原则主要有安全性原则、针对性原则、渐进性原则、全面锻炼原则和可操作性原则等，下面就对此做出具体的研究。

（一）安全性原则

运动处方的制定要结合运动者的具体实际情况而定，最主要的是要保证运动者的安全。在制定运动处方时，首先要对运动者进行全面的健康诊断和体力测试，保证运动锻炼的安全，这样可有效避免运动损伤的发生。另外，还要严格遵循运动处方的各项规定和要求，合理选择运动负荷，保证运动锻炼的科学性和安全性。

（二）针对性原则

由于每名运动者的具体情况都是不同的，在这样的情况下，不同年龄、不同体质、不同疾病的人群需要不同的运动处方，否则，不但达不到锻炼的效果，甚至还会出现运动损伤。因此，制定运动处方时，必须因人而异，要有一定的针对性。老年人和年轻人如果用同一种运动处方，老年人很可能完成不了，而年轻人则达不到应有的锻炼效果，对双方来说都是不利的。况且，每个人的身体状况都是不断变化的，任何人不可能永远都按照同一个运动处方进行锻炼。所以，在制定运动处方时必须要根据每个人的具体情况量身定制，区别对待。这就是运动处方的针对性原则。

（三）渐进性原则

渐进性原则是指运动处方要根据运动者体质增强的规律而定，在实施运动处方时要求根据个人的体质状况由小到大逐步增加运动负荷，遵循循序渐进的原则。渐进时间和每次渐进的量应按照负荷和有效价值阈所规定的时间合理确定渐进的指标，并且按照每个指标安排渐进的幅度和阶段时间。

运动处方的渐进性原则主要是指按照循序渐进的性质、遵循超量恢复的法则来逐步提高运动负荷量。如果在锻炼的过程中仅按照一个运动处方进行锻炼，是不可能有效达到运动锻炼的目的的。而突然进行一次大强度、长时间和多次重复的锻炼，则会违背循序渐进的宗旨，不仅达不到应有的锻炼效果，有时甚至还会造成运动损伤，影响下一步的锻炼计划。

（四）全面锻炼原则

人体是大脑皮层统一调节下的有机体，其中包括多个系统，并且每个系统之间都是互相联系和互相促进的，各个系统都有自己的功能，不可互相替代。因此，在进行运动锻炼时，必须要按照运动处方进行，本着全面锻炼的原则，对身体各个部位进行锻炼，从而获得身心的全面发展。在锻炼的过程中，运动者还要结合运动锻炼的目标合理选配饮食结构，以保证营养物质与运动目标的有机结合，促使机体与运动目标协同发展。

（五）可操作性原则

制定运动处方时需要充分考虑到锻炼者所处环境与实际的锻炼条件，充分利用体育资源，制定可操作性强的运动处方，保证运动锻炼的科学性和有效性。制定出的运动处方必须要有一定的可操作性，否则运动者就无法按照运动处方开展运动锻炼活动，就更谈不上运动锻炼的效果了。

第三节　运动处方的实施与监控

运动处方制定后要具体实施，实施运动处方的过程中，运动者也要根据自身具体实际及时地调整运动处方的内容，始终做到运动处方的有效性和可行性。

一、运动处方的实施

运动处方的实施一般包括三个部分，即准备活动部分、基本活动部分和整理活动部分。每个部分都有不同的内容，运动者在按照运动处方进行运动锻炼时一定要注意。

(一)准备活动部分

准备活动部分对运动者开始参加运动锻炼具有重要的作用，它能使运动者的身体逐渐从安静状态进入到工作(运动)状态，逐渐适应运动强度较大的训练部分的运动，避免出现心血管、呼吸等内脏器官系统突然承受较大运动负荷而引起的意外，避免肌肉、韧带、关节等运动器官的损伤。在准备活动部分中，常采用运动强度小的有氧运动和伸展性体操，如步行、慢跑、徒手操、太极拳等。准备活动部分的时间，可根据不同的锻炼阶段灵活的变化。在开始锻炼的早期阶段，准备活动的时间可为10～15分钟；在锻炼的中后期，准备活动的时间可减少为5～10分钟。

(二)基本活动部分

这一部分是运动处方最为重要的内容，是运动者达到康复或健身目的的主要途径。这一部分的运动内容、运动强度和运动时间等都应按照具体的运动处方来实施。

(三)整理活动部分

整理活动部分也是运动处方的重要内容之一，在运动结束后，运动者不应立即停止运动，而应参加一些整理活动，这样才能促进运动机体的有效恢复。整理活动的主要作用是避免出现因突然停止运动而引起身体不适状态，如头晕、恶心等，对防止运动损伤有良好的效果。一般来说，散步、放松体操、自我按摩等是比较常见的整理活动方式，时间一般在5分钟左右。

二、运动处方的监控

大学生参加运动锻炼难免会产生一定的疲劳，这是正常现象。这种疲劳对机体是无害的，因为适度疲劳可以促进机体功能增强，提高健康水平，但是如果出现过度疲劳的情况，则对身体是有害的。因此，在运动处方实施的过程中一定要采取必要的措施加强对机体的监控。一般来说，主要采用自我监督和医务监督两种方式进行。

(一)自我监督

在运动过程中注意观察自己的健康状况和身体功能状态。观察的内容主要有：主观感觉(运动心情、不良感觉、睡眠、食欲、排汗量等)和客观检查(脉搏、体重、运动效果等)。

(二)医务监督

有较严重疾病的患者实施运动处方时，须在有医生指导或有医务监督的条件下进行运动，如心脏病人实施运动处方时，应具有心电监测条件和抢救条件。

第四节　提高大学生身体素质的运动处方研究

对于大学生来说，每个人都希望自己拥有健美的身体，身体不仅要强健，同时还要有优美的体型，而通实施一定的身体锻炼的运动处方能达到这种效果。

一、提高大学生基本身体素质的运动处方

(一)提高力量素质的运动处方

1. 颈部力量素质训练

颈部力量素质训练主要包括静力性对抗训练和负重训练两

种，其具体的训练方法主要有以下几种。

（1）头手倒立

头手倒立的主要目的是发展颈部肌肉力量。要求锻炼者在墙壁前，缓慢屈臂成头手倒立，两手主要起维持平衡的作用，两脚轻轻靠放在墙壁上，以头支撑体重，坚持尽可能长的时间。

（2）背桥练习

背桥练习时，以脚和头着地支撑于地面，采用仰卧或俯卧姿势，腰腹部向上挺起，两手置于胸腹部，使身体反弓成"桥"或腹部向下，以额头（或头顶）和脚趾支撑于地面，臀部上提成"桥"。

（3）双人对抗

两人一组，同伴站在练习者身后，将合适的带子或毛巾围在练习者的前额，同伴一手拉住毛巾两端，一手扶在练习者的肩胛部，肘关节伸展。练习者两脚站稳，上体固定，向前向下低头，对抗同伴向后拉毛巾的力量。牵拉头部的带子或毛巾可以围在练习者头的前、后、左、右不同部位，使练习者从不同方向进行对抗练习，使颈部肌肉得到全方位的训练。

（4）负重训练

负重训练的主要目的是发展运动者的颈部肌群力量。运动者在进行颈部负重练习时，可用一根绳子将重物悬挂在头上，两脚自然开立，上体前倾，背部挺直，两手分别支撑于膝关节的上部。按照不同的方向有节奏地活动颈部，使颈部前、后、左、右的肌群都能得到全面锻炼。

2. 肩部力量素质训练

肩部力量训练的主要目的是针对肩部肌群力量的训练，特别是锁骨末端的三角肌的力量训练。肩部三角肌前部、侧部以及后部共同围绕起来在肩部形成一个圆球。专门的力量训练能使机体的整个三角肌得到全面的发展。

（1）颈前推举

颈前推举主要是发展三角肌前束和斜方肌的肌力。具体可采用直立姿势或坐姿，两手握杠铃同肩宽，握杠于锁骨处，手臂垂直向上伸直推起。

(2)颈后推举

颈后推举的主要目的是发展三角肌后束、冈上肌和肱三头肌的肌力。训练动作为两手握杠铃，约同肩宽，垂直上举至手臂伸直。

(3)头上推举

头上推举主要是发展三角肌、斜方肌、肱三头肌和前锯肌等肌群的力量素质。两脚自然站立，约同肩宽。两手各握哑铃，屈肘将哑铃置于肩上，两手正握杠铃，握距同肩宽，提铃至胸，将哑铃快速推举至头上方，或将杠铃快速推举至头上方，慢慢返回原位。

(4)直臂前平举

直臂前平举主要是发展三角肌和斜方肌的力量素质。练习者自然站立(也可采用坐姿)，上体挺直，两臂伸展正握杠铃，下垂于两大腿前。直臂前平举，快上慢下，返回原位，反复训练。

(5)直臂侧平举

直臂侧平举主要是发展三角肌和斜方肌的力量素质，练习者自然站立(也可采用坐姿)，上体挺直，两手各持哑铃垂于体侧，两臂伸直侧平举，快上慢下，还原成预备姿势，反复进行。

(6)侧斜卧侧平举

侧斜卧侧平举的主要目的是发展三角肌中束的肌力，在练习时，肘关节保持100°～200°的弯曲，两侧交替进行，以利于三角肌中束的用力。

(7)耸肩

锻炼斜方肌的方法是双手持杠铃或哑铃耸肩，都是以斜方肌收缩力量使两肩耸起接近耳侧。耸肩的方式有垂直耸、回转耸和斜后耸肩等。

3. 臂部力量素质训练

臂部力量素质训练不仅能使锻炼者拥有强壮有力的前臂肌

群，有利于塑造健美的体型，有利于提高握力、支撑力和完成各种训练动作的能力，还有利于增强机体各部位的肌肉力量。

(1)仰卧撑

仰卧撑训练主要用于发展肱三头肌、三角肌、背阔肌等的力量素质。训练方法为仰卧，两臂伸直，撑在约 50 厘米高的台上，屈臂，背部贴近高台，然后快速推起两臂伸直，连续做 10～15 次。

(2)坐姿弯举

坐姿弯举主要用于发展肱二头肌的力量及前臂肌群力量。两腿自然分开，坐在凳端，一手握哑铃，另一手掌置于持哑铃手侧的膝关节上部，握哑铃的手臂充分伸展，将肘关节的上部置于膝关节处另一侧的手背上，上臂固定，慢速屈肘至胸前，然后再有控制地下放哑铃成预备姿势，反复训练。

(3)坐姿腕屈伸

坐姿腕屈伸的主要目的是发展手腕肌群力量。训练方法是坐于长凳上，双脚置于地面，双脚间距略宽于肩，上体前倾，把前臂放于大腿或长凳上，正握杠铃，腕关节被动屈曲；向后弯举腕关节；还原成开始姿势，反复练习。

(4)站立屈臂举

站立屈臂举主要用于发展肱二头肌和前臂肌群的力量素质。具体方法为两脚自然站立，两手反握杠铃，两臂伸展杠铃位于体前。两手握距可宽可窄。固定两肘，慢速屈臂将杠铃上举至胸前，然后有控制地慢慢放下杠铃，还原成预备姿势，反复训练。

(5)手腕屈伸负重训练

手腕屈伸负重训练的主要目的是发展手腕和前臂肌群的力量素质。采用坐姿，两手反握杠铃或哑铃，前臂分别贴在两大腿上，手腕伸出位于膝关节外。手腕围绕额状轴以尽可能大的动作幅度上下旋卷，手腕卷屈幅度尽量大；或者采用掌心向下的正握杠铃的方法进行手腕旋卷运动练习。

(6)前臂旋内旋外负重训练

前臂旋内旋外负重训练主要是发展前臂肌群和手腕的力量。

具体训练方法为双脚自然开立，浅半蹲，两臂屈肘前伸位于体前，两手持重物，前臂有节奏地进行旋内旋外运动。

(7)站立下拉

站立下拉的主要目的是发展上臂肌肉群力量。面向拉力器站立，双脚间距略宽与肩，双手正握拉力器握柄，肘部紧贴体侧；吸气；下拉，伸直双臂，不要使肘部离开体侧；还原成开始姿势，反复练习。

(8)仰卧臂屈伸

仰卧臂屈伸主要是发展上臂肌肉群力量。仰卧于长凳上，双脚置于地面，双臂伸直，双手间距约为肩宽，正手抓杠；屈肘，以肩为圆心，手臂为半径沿半圆运动轨迹缓慢下降杠铃，并尽量远地向头后部延伸；还原成开始姿势。

(9)坐姿颈后臂屈伸

坐姿颈后臂屈伸主要是发展上臂肌肉群力量。坐于长凳上，双脚置于地面，双脚间距略宽于肩，双手持哑铃置于颈后；小臂伸直上举，双臂伸直，将哑铃举至头的上方；以肘关节为支点，手臂下降杠铃片于脑后部，重复练习。

(10)体前臂屈伸

体前臂屈伸主要是发展上臂肌肉群力量。双膝微屈站立，双脚间距略宽于肩，上体前倾，手持杠铃，屈臂举杠铃至体侧屈肘90°；还原成开始姿势，反复练习。

(11)双臂屈伸

双臂屈伸主要是为了发展上臂肌肉群力量。手握双杠，双脚并拢悬垂于地面，双臂伸直，支撑身体悬空；使身体下降至两杆间最低位置，双臂撑起；还原成开始姿势，动作完成时呼气。

4. 胸部力量素质训练

胸部力量训练既有徒手训练也有器械训练。需要注意的是，任何上体的斜板卧推和飞鸟动作都有助于发展胸大肌下部力量，具体训练方法如下。

(1)俯卧撑

俯卧撑主要是发展肱三头肌、胸大肌、三角肌和前锯肌等肌群的力量素质。训练方法为两手间距稍宽于肩，直臂双手俯卧撑地，两腿伸直，两脚并拢，脚趾撑地。两臂力量提高后，可使两脚位于高台上或在背部负重进行练习。

(2)仰卧扩胸

仰卧扩胸的主要目的是发展胸大肌和三角肌的力量。仰卧在垫子或矮凳上，两手持哑铃两臂伸直，与身体成"十"字形。直臂慢速将哑铃举至胸的正上方，然后慢速还原成预备姿势，反复训练。

(3)颈上卧推

颈上卧推主要是发展胸大肌上部、肱三头肌和三角肌的力量素质。练习者可仰卧于卧推架上，可采用宽、中、窄三种握距，手持杠铃或哑铃，先屈臂将其放于颈根部，两肘尽量外展，将杠铃推起至两臂完全伸直。反复训练。

(4)斜板卧推

斜板卧推主要是发展胸大肌下部、肱三头肌和三角肌力量。具体训练方法为宽握杠铃仰卧于斜板上，脚高于头，朝着胸中部慢慢放下杠铃，肘关节外展与身体成 90°。随后迅速用力向上举起杠铃，再以稳定节奏反复训练。

(5)宽撑双杠

宽撑双杠主要是发展胸大肌下部、外部肌肉，以及肱三头肌、三角肌、前锯肌等的力量素质。具体训练方法为脸朝下，收紧下颌，弓背，脚尖向前，眼视脚尖。两手宽握双杠，屈臂使身体下降，然后再伸臂把身体撑起。训练熟悉后可在脚上系重物或穿沙背心负重训练。

(6)胸大肌练习

胸大肌练习主要是发展胸部肌肉群力量。练习者坐于训练机器械椅上，双脚置于地面，双脚间距略宽于肩，两手扶握横把，前臂和腕部放松，双臂用力推动横把至体前，缓慢还原成开始姿势，重复练习。

(7)站姿胸大肌练习

站姿胸大肌练习主要是为了发展胸部肌群力量。练习者双脚开立，双脚间距约为肩宽，双臂屈肘上举至与肩同高，双臂间距略与肩同宽，双手持杠铃片(或哑铃)，掌心向内，往两侧扩胸展开至动作最大幅度；还原成开始姿势，重复练习。

5. 腹部力量素质训练

腹部力量素质训练的重点是发展腹外斜肌、腹内斜肌、腹直肌和髂腰肌力量，充分利用腹肌的收缩来缩短骨盆底部至胸骨间的距离，具体训练方法如下所述。

(1)半仰卧起坐

半仰卧起坐主要是发展腹直肌上部力量。具体训练方法为平躺地上或练习凳上，两手持杠铃片置于头后，两足固定。上体向前上方卷起，同时两膝逐渐弯曲。用力吸气，放松呼气，收缩时停两秒。也可将负重物放在胸前上部进行训练。

(2)仰卧起坐

仰卧起坐主要是发展腹直肌、髂腰肌的力量素质。具体训练方法为仰卧在凳上或斜板上，两足固定，两手抱头，然后屈上体坐起，再还原，一次做 10～15 个，也可两手于颈后持杠铃片或其他重物负重训练。

(3)仰卧举腿

仰卧举腿主要是发展腹直肌、腹外斜肌和骶棘肌的力量素质。具体训练方法为仰卧于垫子上，两脚并拢两腿伸直，双手置于头后；或仰卧于斜板上，上体位于高端，两手抓握板端，身体伸展。两腿伸直双脚并拢，慢速上举，腿与上体折叠，使脚尖举至头后，然后慢速还原成预备姿势。也可在踝关节处负重训练。

(4)悬垂举腿

悬垂举腿主要是发展腹直肌、腹外肌、髂腰肌和两手的握力。具体方法为两手握距与肩同宽或稍宽于肩，正握单杠，两臂伸展，下肢自然放松，身体悬垂。然后依靠收腹的力量直腿上举，使脚腕触及单杠后再返回原位，反复练习。在刚开始练习时，腹肌差者可稍屈膝。为了增强训练效果，可在脚腕上负重练习。

(5)支撑举腿

支撑举腿主要是发展腹直肌、腹外斜肌和髂腰肌的力量素质。练习者两手直臂撑在双杠上，下肢放松，身体伸展。两腿伸直双脚并拢，收腹举腿至水平位，与上体成直角，然后再放下双腿，还原成预备姿势，反复练习。为了增强练习效果，可在脚腕负重训练。

(6)跪立收腹下拉

跪立收腹下拉主要是为了发展腹部肌肉力量。练习者双膝跪地，抬头，双臂伸直，双手握拉杆置于正头上方，身体正直，双臂伸直，收腹用力向前下拉至动作最大幅度，动作进行时呼气；还原成开始姿势，重复练习。

(7)斜板仰卧举腿

斜板仰卧举腿主要是发展腹部肌群力量。仰卧于斜板上(斜板角度一般在 15°～45°之间)，双腿并拢伸直，双手抓握横杠，直腿上举至动作最大幅度，保持 2～3 秒钟；缓慢还原成开始姿势，重复练习。

(8)杠铃片侧屈

杠铃片侧屈主要是为了发展腹部肌群力量。双脚左右开立，双脚间距约为肩宽，右手置放于体侧，左手持杠铃片(或哑铃)。身体向右侧屈至动作最大幅度，缓慢还原成开始姿势，两侧交换重复练习。

(9)负重转体

负重转体主要是发展腹部肌群力量。肩负杠铃双脚开立，双脚间距约为肩宽，双手间距宽于肩握杠铃，身体正直，慢慢扭转躯干，从一侧转向对侧，两侧交换重复练习。

(10)健身盘转体

健身盘转体主要是发展腹部肌肉群力量。双脚并拢站于健身盘上，双手握扶捅，身体正直，向一侧扭转髋部，还原成开始姿势，两侧交替重复练习。

6. 腿部力量素质训练

腿部是机体运动的最重要的部位之一，腿部力量是机体从事其他常见运动项目的基础。腿部力量素质训练方法具体如下。

(1)纵跳

纵跳主要用于发展伸膝和屈足肌群力量及弹跳力。具体训练方法为身穿沙背心，带沙护腿，成半蹲姿势。两脚蹬地起跳，两臂上摆，腿充分蹬伸，头向上顶，缓冲落地手继续做。连续练习10～15次。也可悬挂或标出高度目标，以两手触摸标志线或物体进行练习。

(2)蛙跳

蛙跳主要是发展下肢爆发力及协调用力。训练方法为身穿沙背心，带沙护腿(也可不负重)，全蹲。两脚蹬地，腿蹬直向前上方跳起，腾空后挺胸收腹，快速屈腿前摆，以双脚掌落地，不停顿地连续做6～10次。

(3)跳深

跳深主要是发展伸膝、屈足肌群和腹肌的力量素质。练习者先将5～8个高度为70～100厘米的跳箱盖纵向排好，每个跳箱盖横放，间距均为1米。练习者面对跳箱盖并腿站立，双脚同时用力跳上跳箱盖，紧接着向下跳，落地后立即又跳上第二个跳箱盖，紧接着向下跳，落地后立即又跳上第三个跳箱盖，连续跳上跳下20～30次。也可在有沙坑的高台处做该练习。

(4)下蹲腿后提铃

下蹲腿后提铃主要是发展股四头肌、臀大肌和腰部肌群的力量素质。两脚自然开立下蹲，杠铃紧贴脚后跟处放置。两手正握杠铃，握距同肩宽，两臂和背部充分伸直。蹲起直臂提铃，成站立姿势，挺胸直背，杠铃处于臀部，然后还原成预备姿势。反复练习。

(5)负重深(半)蹲跳

负重深(半)蹲跳主要是发展用于伸膝和伸髋的肌肉群(如股四头肌、股二头肌、小腿三头肌和臀大肌等)的力量素质。双脚左右自然开立,肩负杠铃,双手正握杠铃扛于颈后,躯干挺直。屈膝半蹲快速蹬伸,髋膝踝充分伸展,向垂直方向跳起,落地时保持半蹲(半蹲跳)或深蹲(深蹲跳),紧接着快速蹬伸跳起,反复练习。

(6)下蹲起立

双脚开立,双脚间距为肩宽,两臂伸直于体侧,两手分别持杠铃;吸气,轻度挺胸收腹,下蹲蹲至大腿与地面平行位置,返回起始位置,动作完成时呼气。

(7)仰卧小腿屈伸

仰卧小腿屈伸主要是发展小腿部肌群力量。仰卧于训练机凳面上,两腿分开与肩同宽;小腿向上踢出,至膝盖伸直,缓慢回到起始位置,反复练习。

(8)坐姿腿屈伸

坐姿腿屈伸主要是发展大腿部肌肉群力量。坐于腿屈伸机上,两腿屈膝下垂,脚背勾住脚托滚轴,两手握扶把,腰背靠紧靠板;负重用力伸小腿至双腿伸直,保持10～20秒钟;缓慢还原成开始姿势,重复练习。

(9)俯卧腿屈伸

俯卧腿屈伸主要是为了发展小腿部肌肉群力量。俯卧于训练机的垫上,两脚钩住横杠,两手握手柄,向上屈小腿,保持2～3秒钟;缓慢还原成开始姿势,重复练习。

(10)拉力器直腿内收

拉力器直腿内收主要是为了发展小腿部肌群力量(小腿内侧肌群)。单腿站立,将拉力器系于一腿脚踝部,另一腿支撑于地面,对侧手抓握训练机的扶手以支撑身体,连于拉力器的腿伸直用力内收至靠近支撑腿。

(11)站立提踵

站立提踵主要是为了发展小腿部肌群力量(小腿三头肌)。

面向训练机站立，双脚前脚掌站在杠铃片上，双手扶在把杆上，身体正直；快速提踵尽可能提高脚后跟，双腿伸直；还原成开始姿势，反复练习。

(12)坐姿杠铃提踵

坐姿杠铃提踵主要是为了发展小腿部肌群力量(比目鱼肌)。坐于长凳上，双脚置于地面，双脚间距略宽于肩，身体正直，双手握住杠铃放在膝盖上；脚趾用力上推，尽量使脚后跟抬起；还原成开始姿势，反复练习。

(13)小腿内收拉练习

小腿内收拉练习主要是为了发展小腿部肌群力量。坐于训练机的椅子上，双脚置于踏板上；双腿用力往外侧展开至动作最大幅度；慢慢还原成开始姿势，重复练习。

(二)提高速度素质的运动处方

1. 反应速度训练

(1)两人拍击

此训练的目的是发展反应动作速度和上体动作灵活性。

两人面向开立，听到开始口令后，设法拍击对方背部，而又不被对方击中自己。在规定时间内(每次1分钟左右)，拍击对手多者为胜。

(2)反应起跳

此训练的目的是发展反应动作速度。

练习者围圈面向圈内站立，圈内1至2人，站在圆心附近手持小树枝或小竹竿(竿长超过圈半径)。游戏开始，持竿者将竹竿绕过站圈人脚下划圆，竿经谁脚下即起跳，不让竿打上脚，被打即失败进圈换持竿者。

(3)起动追拍

此训练的目的是发展反应动作速度和灵敏。

两人一组前后相距2～3米慢跑，听到信号开始加速跑，后者追前者，追上并拍击他背部就停止。也可在追赶时，教练发出第二个信号，让其后转身互换追赶。

(4)压臂固定瑞士球

此训练的目的是发展臂部和肩部肌群动作反应速度。

躯干正直坐在长凳上，一侧臂水平外展用手压住球。同伴以60%～75%的力量向侧面各个方向拍球，练习者尽最大努力防止球运动。

2. 动作速度训练

(1)俯卧撑起击掌

此训练的目的是发展上臂后部和肩部肌群动作速度和爆发力。

双手撑地，双脚掌撑地，身体成一线。向身体下方屈肘，而后快速撑起身体并击掌，恢复开始姿势重复练习。

(2)仰卧快速斜推哑铃

此训练的目的是发展胸部、肩部肌群速度力量，以及身体平衡和稳定能力。

把瑞士球放在地面上，练习者先坐在瑞士球上。向前迈步成仰卧姿势，头枕在球上，上背部支撑体重，双脚在地面上。连续快速上推哑铃。

(3)双球支撑快速扩胸

此训练的目的是发展胸部、肩部肌群速度力量，以及身体支撑和稳定能力。

把两个瑞士球左右相邻放在地面上，俯卧用双臂的前臂支撑体重。双脚在地面支撑，身体与地面约成30°夹角。将两个球向外侧滚动，打开双臂，直到自己能够控制的动作幅度。然后回收双臂，将球滚回开始位置。

(4)快速传接实心球

此训练的目的是发展胸部、肩部、臂部肌群速度力量和爆发力。

与同伴相对站立，稍微屈膝，2人间距约3～4米。双手持实心球于胸前,进行连续传接练习。

(5)立定跳远

此训练的目的是提高下肢动作速度和爆发力。

面对沙坑或垫子,双脚以肩宽左右开立,双臂上举并充分伸展身体。下蹲后双腿迅速蹬伸,向前上方跳起,前引双脚落地。

(6)直膝跳深

训练目的:提高踝关节动作速度、反应力量和紧张度。

采用8～10个20～30厘米低跳箱,间距约50厘米依次横向排列。练习者直膝从跳箱上跳下,再直膝迅速跳上下一个跳箱,连续练习。

(7)连续蛙跳

此训练的目的是提高下肢动作速度和爆发力。

双脚重复起跳和落地。起跳和腾空动作与立定跳远相同。

(8)跳栏架

此训练的目的是提高下肢动作速度和反应力量。

采用8～10个高40～60厘米的栏架,栏间距约1米依次横向排列。练习者双脚起跳和落地依次越过各个栏架,反复练习。

3. 位移速度训练

(1)跑步动作平衡

此训练的目的是提高踝关节肌群的紧张度和稳定支撑能力。

采用最高速度时的单腿支撑姿势,左脚用脚掌支撑,肘关节弯曲约90°。左手在肩部高度,右手在髋部高度,右腿高抬,右脚踝靠近臀部。

(2)跑步姿势交换腿高跳

此训练的目的是发展跑动中的腿部蹬伸爆发力。

从慢跑开始,用跑的身体姿势进行高跳。起跳后用另一只脚落地。

(3)后踢腿

此训练的目的是提高脚的动作速度。

从慢跑开始，使摆动腿脚跟拍击臀部，膝关节在弯曲过程中向前上摆动。

(4)原地快速高抬腿

此训练的目的是提高摆臂动作效率和下肢动作频率。

以短跑动作前后摆臂进行原地快速高抬腿，肘关节弯曲大约90°。前摆手摆到约肩部高度，后摆手摆到臀部之后。大腿摆到与地面平行姿势。

(5)双腿过栏架跑

此训练的目的是提高步频、快速屈髋能力和下肢灵活性。

以约1米间距摆放8～10个约30～40厘米高的栏架。在栏架上做高抬腿跑，在每一个栏间距内双脚落地，采用同一条攻栏摆动腿。

(三)提高耐力素质的运动处方

1. 有氧耐力训练

(1)定时跑。在场地、公路或树林中做10～20分钟或更长时间的定时跑。

(2)定时定距跑。在场地或公路上做定时跑完固定距离的练习，如要求在14～20分钟内跑3 600～4 600米。

(3)重复跑。在跑道上进行，重复跑的距离、次数与强度也应根据专项任务与要求而定。发展有氧耐力重复跑强度不应过大，跑距应较长些。一般重复跑距为600米、800米、1 000米、1 200米等。

(4)法特莱克跑。在场地、田野、公路上进行，自由变速的越野跑或越野性游戏。最好在公园、树林中进行，约30分钟左右。

(5)大步走、交叉步走或竞走。在场地、公路或其他自然环境中做大步快走，交叉步走或几种走交替进行。每组1 000米左右，4～6组。

(6)越野跑。在公路、树林、草地、山坡等场地进行。距离要求，一般在4 000米以上，有时甚至可达10 000～20 000米。

2. 无氧耐力训练

(1)原地或行进间间歇车轮跑。原地或行进间做车轮跑。每组 50～70 次,6～8 组,组间歇 2～4 分钟。强度为 75%～80%。

(2)间歇后蹬跑。行进间做后蹬跑。每组 30～40 次或 60～80 米,重复 6～8 次,间歇 2～3 分钟。强度为 80%。

(3)高抬腿跑转加速跑。行进间高抬腿跑 20 米左右转加速跑 80 米。重复 5～8 次,间歇 2～4 分钟。强度为 80%～85%。

(4)原地间歇高抬腿跑。原地做快速高抬腿练习。发展非乳酸性无氧耐力,做每组 5 秒、10 秒、30 秒钟快速高抬腿练习,做 6～8 组,间歇 2～3 分钟。强度为 90～95%。发展乳酸性无氧耐力,做 1 分钟练习,或 100～150 次为一组,6～8 组,每组间歇 2～4 分钟。强度为 80%。

(5)间歇接力跑。跑道上,四人成两组,相距 200 米站立,听口令起跑,每人跑 200 米交接棒。每人重复 8～10 次。

(6)间歇行进间跑。行进间跑距为 30 米、60 米、80 米、100 米等。计时进行。每组 2～3 次,重复 3～4 组,每一次间歇 2 分钟,组间歇 3～5 分钟,强度为 80%～90%。

(7)反复跑。跑距为 60 米、80 米、100 米、120 米、150 米等的反复跑。每组 3～5 次,重复 4～6 组,组间歇 3～5 分钟。心率控制,短于专项的距离,练习时心率应达 180 次/分钟。间歇恢复至 120 次/分钟时,就可以进行下次练习。发展乳酸耐力,距离要长些,强度小些。

(8)反复超赶跑。在田径场跑道或公路上,10 人左右成纵队慢跑或中等速度跑,听口令后,排尾加速跑至排头。每人重复循环 6～8 次。强度 65%～75%。

3. 混合耐力训练

(1)反复跑。每组反复跑 150 米、250 米、500 米之间距离 4～5 次。每组练习之间休息约 20 分钟。要求以预定的时间跑完全程。也可以采用专项的3/4距离进行练习。要求学生在训练时采用80%以上的强度。

(2)间歇快跑。以接近100%强度跑完100米后,接着慢跑1分钟,间歇练习。快慢方式对照组成一组。反复训练10~30组。要求根据练习者实际情况增减和调整训练负荷。训练中要求尽全力完成训练。

(3)短距离重复跑。采用300~600米距离,每次练习强度为80%~90%,进行反复跑。学生在训练时,要注意速度分配的准确性,可以采用全程或半程的速度分配计划。

(4)力竭重复跑。采用专项比赛距离,或稍长距离,以100%强度全力跑若干次。每次之间应充分休息。

(5)俄式间歇跑。固定练习中间休息时间,随着训练水平提高逐渐缩短中间休息时间。训练时要求练习者在400米练习中,用规定速度跑完100米后,休息20~30秒,如此循环反复训练。当练习者的能力可以缩短练习中间休息时间时,调整休息时间为15~25秒。

(6)持续接力。以100~200米的全力跑,每组4~5人轮流接力。要求练习者在训练时注意安全和练习过程中的协调配合。也可以将所有学生分成若干组进行训练比赛。

(四)提高柔韧素质的运动处方

1. 腰部柔韧训练

(1)俯卧转腰

俯卧在台子上,躯干上部伸出边缘之外悬空,颈后肩上扛一根木棍。双臂体侧展开固定木棍。呼气,尽量大幅度转动躯干,不同方向重复练习该动作。

(2)仰卧团身

在垫上仰卧,屈膝,双脚滑向臀部。双手扶在膝关节下部。呼气,双手向胸部和肩部牵拉双膝,并提起髋部离开垫子。重复练习。

(3)站立体侧屈

双脚左右开立,双手交叉举过头顶向上伸臂。呼气,一侧耳朵贴在肩上,体侧屈至最大限度。向身体另一侧重复练习。

(4)倒立屈髋

身体由仰卧姿势开始成垂直倒立,头后部、肩部和上臂支撑体重,双手扶腰。呼气,双腿并拢,直膝,缓慢降低双脚高度直至接触地面。重复练习。

2. 胸腹部柔韧训练

(1)俯卧背弓

俯卧在垫上,屈膝,脚跟向髋部移动。吸气,双手抓住踝。臀部肌肉收缩,提起胸部和双膝离开垫子。重复练习。

(2)跪立背弓

在垫上跪立,脚尖向后。双手扶在臀上部,形成背弓,臀部肌肉收缩送髋。呼气,加大背弓,头后仰、张口,逐渐把双手滑向脚跟。重复练习。

(3)上体俯卧撑起

俯卧。双手掌心向下、手指向前放在髋两侧。呼气,用双臂撑起上体,头后仰,形成背弓。重复练习。

(4)开门拉胸

在一扇打开的门框内,双脚前后开立,双臂肘关节外展到肩的高度。双臂前臂向上,掌心对墙。呼气,身体前倾拉伸胸部。重复练习。

(5)跪拉胸

跪在地面,身体前倾,双臂前臂交叉高于头部放在台子上。呼气,下沉头部和胸部,一直到接触地面。重复练习。

3. 腿部柔韧训练

(1)坐压脚

跪在地面,脚趾向后。呼气,坐在双脚的脚跟上。

(2)垫上仰卧拉引

臀部坐在垫上跪立,后倒身体到躺在垫上,脚跟在大腿两侧,脚尖向后。身体后倒过程中呼气,直到背部平躺在垫上。重复练习。

(3)坐立后仰腿折叠

坐立,一条腿屈膝折叠,大腿和膝内侧接触地面,脚尖向后。呼气,身体后仰,先由双臂的前臂和肘关节支撑上体,最后平躺地面。

(4)扶柱屈髋

在柱子前,双手握住柱子,双脚左右开立并尽量内旋。呼气,屈髋并后移髋关节,双腿与躯干形成约 45°夹角。

(5)靠墙滑动踝内翻

背靠墙站立,双手叉腰,双脚向前滑动,踝关节和脚掌内翻。呼气,髋关节前屈。重复练习。

(6)坐拉引

坐在地面,双腿体前伸展,双手在髋后部地面支撑。一条腿屈膝,用一只手抓住脚跟内侧。呼气,屈膝腿伸展,直到与地面垂直。

(7)仰卧拉伸

仰卧,直膝抬起一条腿,固定骨盆成水平姿势。同伴帮助固定地面腿保持直膝,并且帮助继续提腿。

(五)提高灵敏素质的运动处方

1. 反应能力训练

(1)做与口令相反的动作。

(2)按有效口令做动作。

(3)原地、行进间或跑步中听口令做动作,如喊数抱团,追数训练等。

(4)一对一追逐模仿。

(5)一对一抢对方后背号码。

(6)听信号或看手势急跑、急停、转身、变换方向训练。

(7)听信号的各种姿势起跑,如站立式、背向、蹲、坐、俯卧撑等姿势。

(8)跳绳。例如,两人摇绳,从绳下跑过转身,从绳上跳过等。

(9)一对一脚跳动猜拳、手猜拳、打手心手背、摸五官等训练。

(10)各种游戏,如叫号追人、追逃游戏、抢占空位、打野鸭、抢断篮球等。

2. 平衡能力训练

(1)一对一面向站立,双手直臂相触,虚实结合相互推,使对方失去平衡。

(2)一对一弓箭步牵手面向站立,虚实结合互推互拉使对方失去平衡。

(3)各种站立平衡,如俯平衡、搬腿平衡、侧平衡等。

(4)头手倒立,如肩肘倒立、手倒立停一定时间。

(5)在肋木上横跳、上下跳训练。

(6)急跑中听信号完成急停动作。

3. 协调能力训练

(1)一对一背向互挽臂蹲跳进、跳转。

(2)模仿动作训练。

(3)多种徒手操训练。

(4)双人头上拉手向同方向连续转。

(5)脚步移动训练。例如,前后、左右、交叉的快速移动,单脚为轴的前后、转体的移动。左右侧滑步、跨跳步的移动。

(6)跳起体前屈摸脚。

(7)双人跳绳。

(8)做不习惯方向的动作。

(9)改变动作的连接方式。

(10)选用健美操、体育舞蹈中的一些动作。

(11)简单动作组合训练。例如,原地跳转360°接跳远,前滚翻交叉转体接后滚翻,跪跳起接挺身跳等。

(12)双人一手扶对方肩,一手互握对方脚腕,各用单脚左右跳、前后跳、跳转。

二、体型肥胖大学生的运动处方

肥胖是人体内的脂质代谢紊乱造成脂肪在皮下和脏器周围堆积所致,肥胖对人体的危害很大。近年来,受各种因素的影响,大学生肥胖症的发生率呈现逐年上升的趋势。

对于大学生肥胖者来说,制定科学合理而行之有效的运动处方,按照运动处方参加运动锻炼是治疗肥胖症的最为有效的方法。大学生肥胖症的运动处方如下所述。

(1)运动项目:长跑、长距离步行、游泳、划船、自行车、爬山等,也可练习有氧体操,如健美操、迪斯科和球类运动等。

(2)运动强度:一般运动强度可达本人最大吸氧量的60%～70%,或最高心率的70%～80%。

(3)运动频率:对于体型肥胖的大学生来说,他们大多有减肥的主观愿望,自觉性较强,为提高减肥效果,运动频率可适当增大,一般每周锻炼4～5次为宜。

(4)运动时间:每次运动时间应不少于1小时,持续时间可视减肥要求而定。

三、大学生提高心肺功能的运动处方

心肺功能水平的意义是多方面的。心肺功能水平高的最明显益处就是减少患心脏病的危险性,延年益寿,其次是减少患Ⅱ型糖尿病的危险,降低血压和增加骨骼密度。心肺功能越好,精力和体力就越充沛,不仅能完成更多的工作,而且不易疲,有利于睡眠质量的提高。

（一）运动处方的基本构成

在制定锻炼处方之前，必须了解自己的心肺功能状况和健康状况。锻炼处方中的每次锻炼都应包括准备活动、锻炼模式和整理活动三个主要组成部分。准备活动可进行如下几种。

（1）1～3 分钟轻松的健身操（或类似的活动）练习。

（2）1～3 分钟的步行，心率控制在高于平时 20～30 次/分钟。

（3）2～4 分钟的拉伸练习。

（4）1～5 分钟的慢跑并逐渐加速。

（二）运动方式

常见的提高心肺功能的锻炼方式有步行、慢跑、骑自行车和游泳等。凡是有大肌群参与的慢节奏的运动都可以作为锻炼方式。在选择锻炼方式时，首先应选择自己喜欢的运动，这样比较容易坚持下去。其次要考虑到安全性和可行性。对于易受伤的人来说，最好选择冲击力小的锻炼方式（如骑自行车和游泳），而很少受伤的人可以任意选择锻炼方式。选择锻炼方式时最好采用综合性的锻炼方式，每一次锻炼应包括不同的练习内容。

（三）运动频率

一般来说，一周进行 2 次锻炼就可增强心肺功能，锻炼 3～5 次就可使心肺功能达到最大适应水平，但一周进行 5 次以上锻炼并不能进一步提高心肺功能。所以，大学生在进行以提高心肺功能为主的运动锻炼时一定要注意以上几点。

（四）运动强度

运动强度接近 50％的最大摄氧量时即可增强心肺功能，目前推荐的运动强度范围为 50％～85％的最大摄氧量。

（五）持续时间

提高心肺功能最有效的锻炼时间为 40～60 分钟/次。同时要注意，对于不同体质的大学生来说，其运动时间和强度要有所区别。

（六）整理活动

每次完整的锻炼都应该包括整理活动。整理活动的主要目的是促进血液回流至心脏，以避免血液的过多分布于上肢和下肢而造成头晕和瘀血。整理活动还可以减轻剧烈运动后的肌肉酸痛和心律失常。通常的整理活动都是正式锻炼完成后的 5 分钟的小强度恢复性练习，如步行、慢跑和一些柔韧性练习和拉伸练习等。

第五章　促进大学生体质健康的医务保障研究

体育锻炼可以增强大学生体质，增进健康。而在体育锻炼中，医务监督对促进大学生体质健康有着非常重要的作用。本章就体育锻炼的疲劳与恢复措施、体育锻炼与营养补充以及运动损伤及处理方法进行研究。

第一节　体育锻炼的疲劳与恢复措施

一、体育锻炼中疲劳的产生与表现

大学生在体育锻炼中产生的疲劳，属于运动性疲劳。所谓运动性疲劳是指在运动过程中出现了有机体的工作（运动）能力暂时性降低，但经过适当的休息和调整后，可以恢复原有技能水平的一种生理现象。它是体育锻炼中常见的一种生理现象。在体育锻炼中，大学生运动水平的提高就是一个疲劳→恢复→再疲劳→再恢复的良性过程。如果大学生在体育锻炼中机体所产生的疲劳没有得到及时的恢复，就会使疲劳累积，达到一定程度时，就会产生过度疲劳；而如果运动性疲劳出现后，运动者仍继续保持原有的运动，就会使机体疲劳加重，甚至导致力竭（极度疲劳），从而使运动性疲劳演变成一种病理现象，从而危害身体健康。

（一）体育锻炼中疲劳产生的原因

在体育锻炼中，不同的运动强度导致疲劳产生的原因也是不同的。例如，在短时间内进行最大强度的体育运动锻炼所产生的疲劳是因为机体肌细胞代谢变化导致 ATP 转换速率下降造成的；进行较大强度、较短时间的体育运动锻炼所产生的疲劳是由于机体内乳酸堆积所致，而进行长时间中等强度的体育运动锻炼而产生的疲劳与血糖浓度的下降、无机盐丢失、血糖浓度下降以及肌糖原的大量消耗有关。

对于体育锻炼中非周期性的运动项目来说，运动性疲劳的产生往往与动作技能的复杂程度和技术动作的不断变化有着直接关系。通常来说，进行节奏性强、习惯性的和自动化程度高的动作练习不易产生疲劳，而进行动作多变，精力高度集中的动作的练习，则较容易产生疲劳。从细胞代谢的角度来看，从事静力性的体育运动锻炼时疲劳的产生与短时间大强度运动项目的运动性疲劳相似，但由于在进行静力性体育运动锻炼时，中枢神经系统相应部位持续兴奋、肌肉中血流量减少以及憋气等因素，从而导致心血管系统的功能下降更为明显。进行体育锻炼而产生疲劳的原因，主要有以下几个方面。

(1)能量物质的大量消耗：在体育锻炼中，尤其是进行以无氧糖酵解功能为主的大强度运动，骨骼肌中的 ATP 是机体所需能量的直接能源。根据大强度运动的能量代谢特点，CP 的分解和糖的无氧酵解是合成 ATP 的主要途径。而在运动中 ATP 的合成主要是依靠糖的无氧酵解。然而，随着运动负荷的不断增加，机体内的肌糖原大量分解消耗，从而造成肌肉中 ATP 和 CP 的最大消耗和乳酸的大量堆积。因此，在进行体育运动锻炼时，会出现 HL 值升高，血 pH 值下降，发生失代偿性酸中毒，致使 ATP 合成量减少，影响肌肉运动能力，导致机体疲劳的产生。

(2)物质代谢失调：在体育锻炼过程中，机体内的糖、脂肪和蛋白质的有氧或无氧代谢是机体运动所需能量的主要来源。根据有关研究资料表明，长拳运动的能量来源主要是由乳酸能系统提供，在运动后 5 分钟左右血乳酸浓度达到最高。从事大运动量的体育运动，会使体内能源物质快速消耗，使体内的无机盐、水分等减少，以及维生素的含量下降，从而导致机体内环境物质代谢失调，机体不能继续保持工作而产生疲劳。

(3)中枢神经失调：在体育锻炼中，有很多运动项目有着很多的动作以及动作变化，甚至很多动作、路线都较为复杂。在从事这些体育运动项目锻炼时，运动者都必须内外合一、形神兼备，要做到情绪饱满、神情专注，使外部的形体动作与内在的精、气、神紧密结合，还要做到手到眼到、手眼相随、形断意连，使呼吸、动作、意识相互协调，保持一致。例如，在进行体育运动锻炼时，大量的兴奋冲动会以独特的运动形式向大脑皮层相应的神经细胞传递。神经细胞长时间的兴奋冲动会导致能源物质的消耗增多，为了避免能源物质的过度消耗，在能源物质消耗的一定程度时，神经细胞便会产生保护性抑制，出现中枢神经的支配失调，使机体运动能力下降，从而导致机体产生疲劳。另外，进行大运动量的体育训练，会使机体能大量的血液流入骨骼肌内而使大脑的供血量相应减少，导致大脑 pH 值下降，大脑神经细胞的供氧量不足，从而造成机体运动能力的下降，致使机体产生疲劳。

(二)体育锻炼中机体疲劳的表现

在体育运动锻炼中，从疲劳的程度来看，疲劳一般表现为轻度疲劳、中度疲劳和重度疲劳三个程度，其具体内容如下。

(1)轻度疲劳：在从事体育运动锻炼后，产生疲劳感是正常的，如心跳加快、呼吸变浅变快等，这些都属于轻度疲劳，而且这种疲劳可以在短时间内消除。

(2)中度疲劳：在体育锻炼中，这种疲劳程度可以通过以下几个方面来判断。

①身体方面：面色苍白、肌肉抽搐、口舌干燥、声音嘶哑、呼吸困难、腰酸腿疼、眩晕等。

②精神方面：常常表现为注意力不集中、没有耐性、焦躁不安、情绪低落、无热心、经常出差错等。

③自我感觉：运动者常常感觉头晕、肌肉无力、全身疲倦，还

会出现嗜睡等情况。

(3)重度疲劳:运动者通常表现出烦躁、抵触、不易兴奋、神经反应迟钝等现象,肌肉力量下降,收缩速度放慢,肌肉出现疼痛、肿胀、僵硬,动作慢、不协调,机体抵抗或适应阶段所获得的各种能力消失,并出现应激相关疾病,表现出器官功能衰退,出现中度疲劳。如果运动者不能及时消除重度疲劳,就会影响生活、工作和学习,损伤身心健康。

如表 5-1 所示,不同程度疲劳的对情况。

表 5-1　不同程度疲劳表现

项目＼程度	轻度疲劳	中度疲劳	重度疲劳
血色	稍红	相当红	十分红,有时呈紫色
排汗量	不多	较多	非常多,尤其是整个躯干部,在颈部以及汗衫上可以出现白色痕迹
动作	中等轻快	显著加快	显著加快,有时呼吸节律紊乱
呼吸	步态轻稳	步伐摇摆不稳	摇摆现象显著,出现动作不协调
自我感觉	无任何不适	疲乏、腿痛、心悸	恶心呕吐等征象

另外,还可以根据运动的强度、持续时间和运动的质量,将体育运动锻炼中产生的疲劳分为短时间运动中产生的肌肉性疲劳和持久运动产生的全身性疲劳两大类。体育运动锻炼中疲劳的产生是多种因素综合作用的结果,在一个或同时几个因素的变化会产生相互作用,从而导致机体疲劳的产生。从运动训练的角度来看,没有疲劳的训练是没有效果的训练。可见,机体产生疲劳也具有积极的意义。当机体内的能源物质消耗较多时,便会引起明显的超量恢复,但也要防止过度疲劳的训练。因此,掌握机体在不同运动时间疲劳的特点是非常有必要的(见表 5-2)。

表 5-2 不同时间全力运动时疲劳的特点

运动时间	疲劳的生化特点
0 秒～5 秒	神经肌肉接点处
5 秒～10 秒	ATP、CP 下降,乳酸堆积(快肌)
10 秒～30 秒	ATP、CP 消耗最大,乳酸堆积多
30 秒～10 分钟～15 分钟	ATP、CP 消耗,3～4 分乳酸最高,10 分时乳酸升高达 30 倍,肌肉 pH 下降
15 分钟～60 分钟	ATP、CP 消耗,肌糖原消耗最多,体温升高
1 小时～6 小时	肌糖原趋向于零,肝糖原大量消耗,血糖下降,体温上升,脱水,电解质紊乱
5 小时～6 小时以上	能量物质大量消耗,代谢失调,体温上升,脱水,电解质紊乱,身体结构变化

(三)心理疲劳在体育锻炼中的表现

根据对体育运动锻炼中大学生的观察和访谈得出,厌恶训练是这些大学生产生心理疲劳的主要表现特征。大学生参与体育锻炼产生的心理疲劳主要表现在以下几个方面。

(1)主观体验和行为表现:在体育运动锻炼中,当运动者产生心理疲劳时,便会感觉到身体乏力,进而对体育锻炼的兴趣减退,运动动机水平下降,训练热情降低,烦躁易怒,并对外界的刺激非常敏感。有时,运动者会因为对个别的运动项目技术动作缺乏正确的认识或兴趣而产生极度的厌倦心理,从而以一种消极被动的态度应付训练。

(2)情绪性抑制反应:大学生在从事体育运动锻炼的过程中,产生心理疲劳后,不仅机体的运动能力下降,而且其意志力也会减弱,情绪不稳定,还会使运动者情感紊乱加重。相关研究表明,抑郁是心理疲劳产生的征兆。

(3)适应性:当大学生的心理产生疲劳后,如果没有进行及时的恢复或恢复不足时,便会使心理疲劳持续积累,一旦超过某一临界点，运动者的运动行为便会受到心理疲劳所产生的负面的影响，从而导致大学生在体育运动锻炼中的适应能力明显降低。

二、体育锻炼中疲劳的恢复措施

在体育锻炼中，运动者的身体和心理产生疲劳是不可避免的。为了使运动者在运动中所消耗的物质和各器官系统的技能得到恢复，以及尽快将运动中所产生的代谢产物消除，避免疲劳过度积累造成过度疲劳，这就需要运动者在运动中或运动后采用一定的恢复手段。大学生在体育锻炼中常用的恢复手段，主要有以下几种。

（一）运动过程中常用的疲劳恢复手段

在体育运动锻炼中，运动者进行长时间，较大强度负荷练习后，肌肉中会有大量的乳酸堆积，造成肌力减退，从而导致肌肉工作能力下降。如果在进行剧烈运动后，运动者就完全静止休息，就会使得肌肉中产生的乳酸排除较慢。此时，如果运动者采用一些较小强度的运动，便可以加快消除肌肉中的乳酸。这种恢复手段在体育锻炼过程中常被使用。另外，在运动结束阶段，安排一些游戏性的活动，也是较为常用的消除疲劳的手段。

（二）运动后的恢复手段

在体育锻炼后，消除疲劳，促进机体恢复的方法有很多。下面就常用的恢复手段进行介绍。

（1）整理活动：在体育运动锻炼结束后，进行必要的整理活动有助于消除机体在运动中产生的疲劳，促进体力的快速恢复。整理活动，可以使运动者的呼吸系统和心血管系统仍保持在较高的水平，这样做既有利于使生理机能水平逐渐平缓地下降到一定的水平，又可以偿还运动时所欠的氧债。体育运动锻炼后，常常进行的整理活动主要包括慢跑、各肌群的伸展练习及呼吸体操等，尤其是在运动后进行必要的静力牵张伸展练习，可以改善肌肉的血液循环，消除肌肉痉挛，减轻肌肉的酸胀和僵硬程度，以消除机体局部的疲劳。

(2)睡眠：在体育锻炼中，睡眠是运动后最有效的机体恢复手段。在体育运动锻炼后，保证充足的睡眠是运动者消除疲劳和促进体力恢复的关键。这是因为，睡眠可以抑制大脑皮层的兴奋过程，提高合成代谢，降低分解代谢，促进机体内的能力快速积累。因此，运动者每天应保证充足的睡眠时间，一般情况下，每天不少于8～9小时。而在大运动量练习后，睡眠时间应适当延长。

(3)拉伸练习：通过拉伸练习可以给肌肉施加一个刺激，根据肌肉牵张反射引起肌肉放松的原理，这种对肌肉的刺激，不但不会使肌肉收缩，而且还会使肌肉放松。对已经出现弹性下降的肌肉进行伸展，可以展拉挛缩的肌纤维，以达到使肌肉放松、促进血液循环的目的。拉伸练习的生理效果主要表现为：减轻因运动性疲劳而造成的肌肉疼痛，改善肌肉僵硬现象，使已经缩短的肌纤维重新拉长，恢复弹性。

(4)水疗：有关实践研究表明，水疗对运动后机体疲劳的恢复有着很好的作用。通过温水刺激，可以使肌肉得到放松，安抚神经，有扩张血管，促进血液循环和新陈代谢，消除机体疲劳的作用；通过热水刺激可以降低肌肉肌力，消除肌肉痉挛；通过进行短时间的冷水刺激，可以增加肌肉肌力，消除疲劳。

(5)按摩：通过按摩可以改善局部或全身血液循环的状况，加快机体代谢产物的消除，减轻肌肉的酸痛，降低肌肉僵硬的程度，提高肌肉的收缩力，改善关节的灵活性。另外，通过按摩还可以促进大脑皮层兴奋与抑制的转换，消除因疲劳引起的神经调节紊乱。根据方式的不同，按摩又可分为人工按摩、机械按摩、水力按摩和气压按摩四种。人工按摩是相对更受人们欢迎的消除疲劳的方法，有着良好的效果。按摩手法以揉捏为主，交替使用按压、扣击等技法。按摩可在运动结束后或晚上睡觉前进行，可以根据运动者承受运动负荷的部位，进行局部按摩或全身按摩。另外，在有条件的情况下，运动者还可以采用机械按摩、脉冲水里按摩和气压按摩。

(6)药物疗法：在体育运动锻炼结束后，运动者可采用药物疗法，来加强消除身体疲劳。例如，通过维生素 B_1 和维生素 B_{12}、维生素 C 和维生素 E、参三七、刺五加、药黄芪等药物，可以有效调节人体的生理机能，加速新陈代谢，加快能量补充，改善血液循环，减少组织耗氧量，补充肌肉营养，消除机体疲劳。另外，运动者还可以服用蜂王浆、鹿茸、人参等，具有消除机体疲劳、增强体力，养血补气的作用。

(7)合理膳食：运动者在进行体育运动锻炼中会有大量的能量物质和营养物质的消耗，而这些物质需要通过饮食中的营养物质来进行补充。在运动后，运动者进行合理膳食，以及补充必要的营养物质，有助于其体力的快速恢复和消除运动性疲劳。所以，运动者应根据体育运动锻炼的特点补充足够的糖、蛋白质、维生素、水和无机盐等。运动者在疲劳时，应注意补充能量，特别是糖、蛋白质、维生素等，应多吃一些碱性的食物，如蔬菜、水果、豆制品等，以利于保持人体内酸碱度的基本平衡，保持机体健康，以尽快消除运动中产生的疲劳。

第二节　体育锻炼与营养补充

在体育锻炼中，如果缺乏营养保证，大学生有机体在运动中所消耗掉的营养不能及时得到补充，机体就会处于“亏损”状态，这就会使得运动中所产生的身体疲劳不能在运动后得到及时消除。这就要求大学生在体育锻炼中要注意营养的补充，做到合理膳食。本节就大学生所需的营养素、膳食平衡、合理膳食的构成、膳食建议以及在体育锻炼饮食应注意的事项进行介绍。

一、营养素

大学生参与体育锻炼所需的营养素主要有以下几种。

(一)碳水化合物

碳水化合物就是我们平常所说的糖类,淀粉、蔗糖、麦芽糖、乳糖、葡萄糖和纤维素都属于这一类营养素。糖类是人体热能的主要来源,是营养素中比较经济的一种。糖类是构成机体组织细胞的一种重要物质,参与许多生理过程。糖还可以节约体内蛋白质的消耗可以保护肝脏,促进消化。在上面提到的几种糖类中,纤维素比较特殊,它与淀粉等不同,不能被胃肠吸收,因此没有营养价值,但生理价值较大,主要体现在刺激肠道蠕动、排空,防止食物长时间停留在肠中腐败而产生毒素,减少患结肠炎、结肠癌的机会,使血清胆固醇下降,还可以防止动脉粥样硬化和胆结石形成。糖多来源于植物性食物中的谷类,根茎类和各种食糖,也来自蔬菜和水果,主要从大米、面粉、马铃薯等食物中获得。

(1)碳水化合物的作用:碳水化合物提供了人体每日摄取的总热量的50%~55%,即主要来自人们的主食。碳水化合物是机体的主要热量来源。它可以避免蛋白质的分解,供给脂肪新陈代谢中所需要的热量,给中枢神经系统提供所需的热量。如果碳水化合物摄入不足,就会导致水分的流失和新陈代谢的减慢。据营养学家推荐,人体每日摄入碳水化合物的量为每千克体重8~10克。

人们主食提供的碳水化合物对减肥和形体的保持起着重要作用。碳水化合物能够促进脂肪的新陈代谢。饿肚子减肥是人们认为的一种减肥方法,其实这是不划算的,这就涉及碳水化合物的作用。减肥者身上脂肪多,如果采用饿肚子减肥方法不进食,碳水化合物也就无法摄入,少了碳水化合物提供的能量,脂肪代谢无法进行,因此是不消耗的,并未达到减肥的效果。当然,饿肚子也会变瘦，但是这主要是因为水分和蛋白质的流失，脂肪不代谢，蛋白质的分解在所难免。而减肥主要是减脂肪，可见碳水化合物的重要作用。

中枢神经系统是人体的重要系统，它的正常运作是人体正常活动的关键。而中枢神经系统正常运作需要能量的提供，这就主要依靠碳水化合物。碳水化合物摄取不足，无法满足身体所需，人就会变得反应迟钝，而且会导致水分的流失和新陈代谢的减慢。人体能量不摄入，身体便要减少能量的消耗以延续生命，从而新陈代谢就要减慢下来。由于人体摄取能量时间的不确定性，身体发挥自我保护作用，便将摄入的能量大量储藏起来，以保证机体活下去。这也解释了节食减肥易反弹的原因。

另外，人体不进食，碳水化合物未进行摄取，人便会没有精神没体力，也就无法保证挺拔的身姿。因此只有吃饱了才有力气保持住身体的挺拔。要获得减肥的效果，必须摄取适量的碳水化合物。

(2)碳水化合物的代谢：碳水化合物即糖分，可分为单糖、双糖、多糖。单糖，包括葡萄糖、果糖等，它能够直接被人体吸收利用，无须消耗能量；而双糖，如白糖、麦芽糖、乳糖，在果汁和糖果里面通常都是双糖，它进入人体后需要转化为单糖后才能被吸收；多糖是由超过10个单糖组合而成的，如纤维素、淀粉质，它的吸收更为复杂，需要在体内分解，因此会消耗较多的能量。单糖、双糖和多糖的吸收速度不同，形成了血糖值数的概念。血糖值数就是糖分的吸收速度，吸收快的叫作高血糖值数食品，吸收慢的叫作低血糖值数食品。因此，为减慢糖分吸收，进行减肥最好吃高纤维、低热量的粗粮食品。

(3)胰岛素：碳水化合物的食物通过转化为葡萄糖而身体吸收。胰岛素起到的便是把这些葡萄糖运进细胞、供给人体活动所需要的热能的作用。胰岛素可以运送葡萄糖进入细胞，同时还具有降低血糖的作用，促进血糖储存成肌糖和脂肪，减少脂肪细胞释放脂肪酸。胰岛素与低血糖和糖尿病有着密切关系，对于这两种患者,必须特别注意胰岛素问题。对于易发生低血糖的朋友,应经常让他们做一些强化胰腺的动作和加强饮食中铬的摄入,比如多吃肝脏、红糖及豆类;对于患糖尿病的习练者,应让他们穿着舒适的厚棉袜练习,并注意运动前的糖分补充,避免意外发生。

(4)纤维:主要是指膳食纤维,它是指能抗人体小肠消化吸收,而在人体大肠部分能全部发酵的可食用的植物性成分、碳水化合物及其相类似物质的总和,包括多糖、寡糖、木质素以及相关的植物物质。前面已经提到,膳食纤维没有营养价值,主要起到生理功能,如润肠通便、调节控制血糖浓度、降血脂等。水溶性纤维、改良中果胶类和非水溶性纤维是纤维的三大分类。它对于身体有着诸多好处,它可以维持良好的大肠蠕动,改善便秘;其发酵物可改善胃肠功能,增加肠内益生菌;还可增加饱腹感,延缓肚饿的感觉而有利于减肥。纤维还对疾病有一定的预防作用,如预防大肠癌的发生和减低心血管疾病的患病率。因此,在日常生活中要及时摄取适量纤维,25～30 克是营养专家推荐的每日纤维摄入量。

(二)脂肪

减肥主要是减脂肪,但这并不是说脂肪对于人体没有利用价值。其实脂肪是人体必需的营养之一,对人体起着重要作用。

(1)脂肪是人体细胞的重要组成成分。脂肪类营养素是组成每个细胞的细胞膜的不可缺少的成分之一,它还是脑、外周神经组织、肝、卵等组织细胞需要的。细胞存在着新陈代谢,新旧细胞的更替需要脂肪提供原料。

(2)脂肪能够提供热量。脂肪是高热量性食物,每克脂肪在人体内氧化可产生 9 千卡热量,是同样重量蛋白质和糖所产生热量的两倍多。所以,脂肪被称为人体内的能源库。

(3)脂肪具有重要的生理功能。对人体新陈代谢和生长发育具有重要调节作用的肾上腺皮质激素和性激素等,主要成分就是脂肪类物质。一些重要的脂溶性维生素(如维生素 A、D 等)都以它为存在的必要条件并且脂肪还可以促进脂溶性维生素A、D、E、K的吸收。

(4)脂肪具有保温和保护内脏器官的作用。脂肪大部分贮存于皮下、肠系膜、大网膜和肾脏周围，能防止体内热量大量散发，能固定脏器位置，减少它们之间的摩擦。

脂肪分为饱和脂肪酸和不饱和脂肪酸。大量饱和脂肪酸的摄入会导致各种心血管疾病，而不饱和脂肪酸可以增强细胞的结构，运送胆固醇，帮助运送及胆固醇的代谢，延缓血液凝固。所以我们要注意饱和脂肪酸和不饱和脂肪酸的摄取，小心选择食用富含饱和脂肪酸的肉类。人体每日所摄取的热量20%～30%来自脂肪，而豆腐、花生、玉米、大豆、芝麻、橄榄等素食中含有丰富的不饱和脂肪酸。

(三)蛋白质

蛋白质占人体重量的18%，如果按比重来计算，约占人体重的50%。在体育锻炼饮食中，每日总热量摄取的20%来自蛋白质，每公斤体重，每天大约进食1克蛋白质就够了。过多摄入的蛋白不能进行储存，会再经肝脏代谢进而转化成尿素，长期大量地进食蛋白质，容易造成人体的钙质流失并给肝脏造成不必要的负担。

蛋白质是构成人体细胞的物质基础，是人体的建筑材料。它的功能主要是合成和修补细胞，如肌肉、血液、身体器官、激素、酶、抗体、皮肤、保持水分的平衡、酸碱度。人体不断地生长，细胞数量增多，细胞也在进行着新陈代谢，新旧细胞持续更替，这都需要蛋白质的及时供应和补充。肝脏是人体内蛋白质代谢比较旺盛的组织，血红细胞更新的速度也较快，头发、皮肤的生长也与蛋白质有关；生命只要存在，细胞就在不断代谢，蛋白质就需要持续供应。如供应不足，人体发育便受到影响，健身便无从谈起。此外，蛋白质还是一种能量来源，但往往在碳水化合物和脂肪不足时分解，与碳水化合物与脂肪相比，蛋白质供能极不经济。

蛋白质有完整蛋白质和非完整蛋白质之分。完整蛋白质包含人体不能自行制造的所有重要氨基酸,要通过食物或补剂供给,对身体内蛋白质的合成有重要影响。肉类等动物性食品多含完整蛋白。非完整蛋白质不包含所有重要氨基酸,如进食足够的氮质身体可以制造非重要氨基酸。蛋白质制造及新陈代谢的维持需要足够的重要氨基酸和非重要氨基酸同时拥有。食物中的奶制品和不同豆类及谷类的组合摄入可为人体提供完整蛋白的摄入量。

(四)维生素

维生素是人体所必需的一类有机化合物,它是维持和调节机体正常代谢、生长发展的重要物质。人体内不断地进行着各种生化反应,这都需要酶的参与,发挥其催化作用,而许多维生素是酶的辅酶或者是辅酶的组成分子。维生素一般存在于天然食物中,在人体内不能合成或合成的数量极少,因此必须从食物中摄取。

维生素种类众多,目前所知的维生素就有几十种。根据溶解性,维生素可分脂溶性维生素和水溶性维生素两大类。前者包括维生素 A、维生素 D、维生素 E、维生素 K,后一类包括维生素 B 族和维生素 C 以及许多“类维生素”。

(1)脂溶性维生素:主要包括维生素 A、维生素 D、维生素 E、维生素 K 等,具体如下。

①维生素 A:

功能:维持正常的视觉尤其是人的暗适应能力,预防夜盲症、干眼病;维持上皮细胞组织健康,促进生长发育,增加身体的抵抗力;促进人的骨骼发育。

来源:只存在于动物性食物中,如动物的肝脏、鱼肝油、鱼卵、奶油禽蛋等。

②维生素 D:

功能:增进人体对钙和磷的吸收和利用,促进骨骼生长。

来源:肝脏、鱼肝油、禽蛋等。

③维生素 E：

功能：维持正常的生殖能力和肌肉正常的代谢；促进肌肉生长，提高肌肉耐力和力量；增强循环、呼吸和生殖系统的功能。

来源：麦芽、植物和绿叶蔬菜。

④维生素 K：主要功能为止血，构成凝血酶原，促进肝脏制造凝血酶原。

（2）水溶性维生素：主要有维生素 B_1、维生素 B_2、维生素 B_5、维生素 B_6、维生素 B_{12}、维生素 C 等，具体如下。

①维生素 B_1：

功能：组成酶，参与碳水化合物代谢，影响代谢过程；保持消化、循环、神经系统和肌肉的正常功能；预防脚气。

来源：动物的心脏、肝、肾、脑、瘦猪肉、蛋类，植物中的谷类、豆类、干果及硬果，还有酶母中。

②维生素 B_2：又称为核黄素，是体内许多辅酶的组成部分。

功能：酶的重要组成部分，是人体能量系统必需的物质，促进细胞的氧化，促进生长发育，保持皮肤和眼睛的健康。

来源：各种动物性食物，特别是动物的内脏、蛋和奶，其次来源于豆类的新鲜绿叶菜。

③维生素 B_5：又称泛酸，具有抗感染，减轻某些抗生素的毒性，消除术后腹胀的作用。

④维生素 B_6：在蛋白代谢中起着预防神经衰弱、眩晕、动脉粥样硬化的作用。

⑤维生素 B_{12}：抗脂肪肝，促进细胞成熟和抗体代谢，促进肝脏对维生素 A 的贮藏，防治恶性贫血。

⑥维生素 C：

功能：促进红细胞成熟，促进人体生长；增强抵抗力，连接结缔组织维持骨骼和牙齿的健康；增强对疾病的抵抗力，促进伤口愈合，增强血管的韧性，预防与治疗坏血症。

来源：维生素 C 主要来源于新鲜蔬菜和水果。

人体补充维生素可以食用含有大量维生素的新鲜蔬菜水果

和粗加工谷物，但维生素的补充一定要注意适量，过量的摄入会引发中毒。

（五）矿物质

矿物质又称无机盐，原指地壳中天然存在的化合物或天然元素，人体内约有50多种矿物质。矿物质是人体重要组成部分，有些元素是身体保持适当生理功能所必需的，能够维持生理系统，强化骨骼结构和肌肉、神经系统，辅助酶、激素、维生素和其他元素发挥作用，需要不断地从食物中摄取。矿物质有常量元素和微量元素之分，以它们在膳食中的需要量为标准。其中含量较多的有钙、镁、钾、钠、磷、硫、氯七种元素，每日需要量在十分之几克到一克或几克，成为常量元素；其他元素如铁、铜、碘、锌、锰和硒，由于含量极少，每日需要量从百万分之几克（以微克计）到千分之几克（以毫克计），又称微量元素。下面分析几种常见的常微量元素。

（1）钙：是构成人体骨骼和牙齿的重要成分，在人体内含量较多，达1 300克，约为体重的1.5%～2%，其中骨骼和牙齿中集中了99%的含量。钙主要来源于乳类、蛋黄、小虾皮、海带、芝麻酱等。

（2）铁：成人体内的铁的含量为3～4克，是人体重要的必需微量元素之一。它是构成细胞的原料，参与血红蛋白，肌红蛋白，细胞色素及某些酶的合成。动物的肝脏，肉类、蛋类、鱼类和某些蔬菜是铁的主要来源。

（3）碘：主要来源于海产的动植物食物，其主要作用是用于机体甲状腺素的合成，促进能量代谢。

（4）锌：微量元素锌主要存在于骨骼、皮肤和头发中。它与酶的合成有密切关系，是酶的活性所必需的元素。锌主要来源于牛肉、猪肉和羊肉和其他鱼类、海产品。

（六）水

水是维持人体正常活动的重要物质，约占体重的60%。水分的流失会对人体产生极大影响，因流失水分造成体重下降1%时，运动速度便减慢2%，而人体失去10%的水分时，生命就会受到威胁。

水在人体内起着重要的作用。水的比热值大的特性决定了水的调节体温的功能，因此可以维持体温；水分能够为代谢过程提供适当的环境，从而促进消化、吸收、呼吸、排泄等物质代谢；水可以改善肝脏功能和新陈代谢，降低食欲，有利于脂肪转化成能量；润滑也是水的一大功能，眼泪、唾液、关节滑液和浆液都具有润滑功能。因此，大学生在体育锻炼中一定要重视水的及时补充。

饮水则是每日水分摄入的主要途径，正常成人每日水摄入量不得少于2 500毫升。差不多所有食物中都含有水分，而一般食物提供的水分大致为900毫升。因此，除靠食物补水外，每日的饮水量还应为1 300～1 500毫升，即通常的6～8杯水。而饮用的水以凉开水为最佳，一般在体育锻炼开始30分钟前饮水为宜。

食物中所含有的这些营养素在人体内发挥着不同的作用，并且这些营养素相互配合才保证了人体的正常运转。在大学生体育锻炼中，必须注意各种营养素的补充，并且要做到相互结合、合理适量。

二、大学生体育锻炼的膳食平衡

（一）膳食平衡的原则

膳食平衡是指膳食中所包含的各种营养素和热量要比例适当、种类齐全，能够满足机体的各种运动所需的营养。如果运动者膳食补充不平衡，则会影响机体正常生理功能的发挥，严重者会引发相应的营养缺乏或是营养不足症状。膳食平衡原则应做到以下三点。

（1）全面性原则：要求在膳食方面各种营养素的摄取应全面。

人体需要的营养素众多，包括蛋白质、脂类、碳水化合物、维生素、无机盐、水、纤维素等。这些营养素都对人体具有独特的作用，如果有所欠缺，则会影响人体的某项生理功能。因此，运动者的日常饮食一定要全面，避免食物的单一化和长期固定化。

(2)平衡性原则：是指各种营养素的供给应与人体之间形成相对的平衡，供应量既不能过剩也不能短缺。体育锻炼具有较大的运动负荷量，因此应注重高能量食物的补充；对于女性而言，要更加注重铁的补充。在不同的季节和不同的训练强度下，应适当调整饮食。营养摄入过少，不能满足需要，可发生营养不良性疾病；摄入过多，既是浪费又对机体产生负担，产生营养过剩性疾病。

(3)适当性原则：是指各营养素之间的搭配要适当。饮食之间进行合理搭配能够更好地促进人体营养素的吸收和利用。在日常饮食中，要注重蛋白质、脂肪和碳水化合物之间的搭配，荤素比例适当。膳食的适当性原则还要注重主副食品的搭配，并慎重服用营养保健品。

(二)膳食平衡的具体要求

(1)各种营养素和热量摄入的平衡：营养专家认为，人们从膳食中摄取的各种营养素在一定时期内应保持在一定的标准范围内。中国营养学会制定了相应的营养素每日供给量标准，运动者应该根据其调整食物的搭配和供应。

糖类、蛋白质、脂肪均能给机体提供热量，故称为热量营养素。糖类、蛋白质、脂肪三者摄入量的合适比例为6.5∶1∶0.7。另外，运动者不仅要注重三大能源物质的供应，还要注重维生素、矿物质的补充。

(2)酸碱平衡：人体的各部分都会有相应的酸碱度，一般情况下人体的各部分的pH值保持在相应的位置，如果饮食搭配不当，酸碱不平衡，会导致人体的酸碱失衡。大学生参与体育锻炼需要承受较大的负荷量，在运动之后人体可能会产生相应的酸性代谢物质，因此，在饮食中应该注重碱性食物的搭配。常见的酸性食品和碱性食品如下。

①常见的酸性食品：

动物类：鸡肉、鲤鱼、猪肉、牛肉、干鱿鱼、鳗鱼、蛋黄等。

植物类：大米、面粉、花生等。

②常见的碱性食品：

蔬菜类：海带、菠菜、萝卜、南瓜、黄瓜、四季豆、藕等。

水果类：西瓜、香蕉、苹果、草莓等。

(3)氨基酸平衡：世界卫生组织提出了人体所需的 8 种必需氨基酸的构成比例，如表 5-3 所示。研究表明，当食物中所含的氨基酸的比例与表中的比例越接近，其越能够更好地被人体所吸收利用，其营养价值也相对越高。但是多数食品其氨基酸的构成具有一定的不平衡性，这在一定程度上影响了人体的摄取。

表 5-3　人体必需氨基酸

氨基酸	蛋白质(毫克/克)
异亮氨酸	40
亮氨酸	70
赖氨酸	55
蛋氨酸＋胱氨酸	35
苏氨酸	40
色氨酸	10
缬氨酸	50
苯丙氨酸＋酪氨酸	60

三、大学生合理的膳食营养

(一)膳食的合理构成

中国营养学会根据平衡膳食的原则，提出的膳食构成如下。

(1)膳食应注重多样性,以谷类为主。谷类和薯类、动物性食物、豆类及其制品、蔬菜水果和纯热能量食物所含的营养成分不完全相同,因此,要注重食物的多样化。谷类食物的表皮中含有大量的维生素和矿物质,因此,为了防止这些食物表层营养物质的流失,要避免碾磨的过于精细。

(2)每天吃奶类、豆类或其制品。奶类和豆类食品除了含有较高的蛋白质和维生素之外,还含有丰富的钙,具有较高的利用效率。

(3)多吃蔬菜、水果和薯类。人体的各种维生素和矿物质的主要来源是蔬菜、水果和薯类,这些食物对心血管的健康以及人体的抗病能力的增强都具有重要的作用。

(4)经常吃适量的鱼、禽、蛋、瘦肉,少吃肥肉和荤油。鱼、禽、蛋、瘦肉等动物性食物是人体优质蛋白、脂肪、脂溶性维生素、B族维生素和矿物质的主要来源。但是,需要注意的是,肉类食物不宜摄入过多,否则可能造成人体的肥胖。

(5)吃清淡少盐的膳食。一般认为,每人每天的食盐摄入量不宜超过6克,这对丁心血管功能的正常活动具有重要作用。吃太咸、太油腻的食物会增加心血管疾病的发病率。

(6)食量与运动动的平衡,保持适宜体重。在体育锻炼之后,人体对能量的需求会相对增加,如果能量供应不足,会造成人体的消瘦和抵抗力的下降;反之,则会造成人体的肥胖。因此,应保持食量和能量消耗的平衡。

(二)“4+1营养金字塔”

为了保证人们日常营养摄入的合理性,营养专家提出了“4+1营养金字塔”食物指南。

(1)第一层即底层是最重要的粮谷类食物,它在人们的日常饮食中所占的比重最大。一般成年人的每日粮豆类食物摄取量为400～500克,粮食与豆类之比为10∶1。

(2)第二层是蔬菜和水果,在金字塔中占据了相当的地位。

每日蔬菜和水果摄入量为300～400克，蔬菜与水果之比为8∶1。

(3)第三层是奶和奶制品，以补充优质蛋白和钙，每日摄取量为200～300克。

(4)第四层为动物性食品，主要提供蛋白质、脂肪、B族维生素和矿物质。禽、肉、鱼、蛋等动物性食品每日摄入量为100～200克。

(5)塔尖是膳食中放入少量的盐和糖类。

第一、二层的碳水化合物食物应提供人体所需能量(热量)的65%；第三、四层食物中的脂肪应提供人体所需能量的25%，这两层中的蛋白质应提供人体所需的剩余能量，约占人体总能量的10%。

四、大学生合理膳食的建议

(一)培养科学的饮食习惯

(1)合理安排一日三餐：

①时间安排：大学生的一日三餐应保持固定，这样对与肠道的消化和吸收有利。一般两餐之间的间隔时间在5小时左右。每次吃饭的时间也应合理安排，既不能太快也不能太慢。

②热能安排：一般早餐占全天总热量的30%左右，午餐占全天总热量的40%～45%，晚餐占全天总热量的25%～30%。

(2)培养良好的个人饮食素养：

①每天热量结构建议碳水化合物占总热量60%～70%，蛋白质占总热量10%～15%，脂肪占总热量的20%～25%。

②用餐环境保持安静、清洁，不吃街头无食品卫生许可证摊贩的食品；购买食品时应注意保质期。

③在饮食上还要注意营养卫生，少吃太咸、太油腻的食物，不多吃油炸和烟熏的食物。

④增强自身对于营养和保健知识的认识和了解，讲究合理

的膳食结构，掌握好搭配和比例。慎重服用保健类和营养类药物。

(3)合理加餐：大学生进行体育锻炼会消耗较多的能量，因此可考虑适当加餐。加餐的事物摄入量不宜过多，而且要以碳水化合物为主。加餐应保证不影响正常的三餐饮食。

(二)不要做纯素食主义者

素食食物由于含有较低的热量和脂肪含量，能够有效地避免现代病。但素食也存在着一定的弊端。对于参与体育锻炼的大学生而言，不应做纯素食主义者，应保证机体各种营养摄入的均衡。纯素食的主要弊病表现在以下几方面。

(1)容易导致营养不良：蛋白质是人体细胞和组织的重要成分，人体的各部分的组成都需要蛋白质的参与。脂肪不仅能够为人体提供热量，还对大脑发育具有重要的影响。对于经常从事大运动量的运动者来说，单纯的素食并不能很好地提供人体运动所需的营养。研究表明，经常吃素的少女往往月经来潮推迟，吃素的女运动者容易发生继发性闭经。

(2)容易导致微量元素和维生素缺乏：人体的各种微量元素很多来源于果蔬类食物，但是人体中的铁、锌、钙等元素主要来源于动物性食品，如铁元素主要来源于肉类和蛋类食物，钙元素则主要来源于奶类食物。素食者为了保持营养摄入的均衡，会食用多种类的食品，并且需要精心的准备，但是日常生活中忙碌的人们很难做到。纯素食的人贫血和缺铁、锌的危险较大。纯素食的人虽然不一定贫血，但是其铁的吸收吸收率会降低。缺乏锌可引起小儿厌食症、异食癖和成年人的性功能下降、不育症；缺铁会引起贫血和影响小儿智力发育。

对于肥胖症、糖尿病、心血管疾病者，可适当多吃点素食；而处于成长发育期的儿童应注重营养的均衡。科学合理的饮食结构应荤素结合，比例适当。

五、体育锻炼中大学生饮食应注意的事项

在体育锻炼前后，大学生饮食要注意以下几点。

(1)空腹时不大量运动：在空腹的情况下，人体的血糖含量会相对降低，在运动过程中可能会产生头昏、四肢乏力等症状，严重者甚至会产生昏厥。空腹运动训练也可能会产生腹痛，还会抑制消化液的分泌，降低消化功能，容易发生意外。

(2)运动中不大量饮水：在体育锻炼中，由于运动量巨大，人体的出汗量也会较多，会引起人体的缺水。在补水时应注意控制饮水的量，采取少饮多次的方法来补水。可饮用功能性饮料，补充人体的流失的矿物质。

如果饮水量过多，会使胃部膨胀，妨碍膈肌活动，影响正常呼吸，并对肠胃、心脏有害。在运动中大量饮水，会使得人体的盐分丧失增多，从而导致人体出现四肢无力、抽筋等现象。在训练过程中，口腔和咽喉黏膜的水分蒸发或尘埃刺激、空气干燥以及唾液分泌减少等原因也可能导致口渴，这一情况下可用水漱口的方法来消除渴感。

(3)饭后不大量运动：在饭后，人体的消化器官需要大量的血液供给，这时候进行运动训练会导致消化系统的血液流量减少，从而影响人体对食物的消化和吸收。如果在饭后进行大量的运动，会影响肠胃的蠕动，产生胃痉挛、呕吐等症状。因此，应该运动者应在饭后过一段时间再进行运动训练，一般可在饭后1.5～2小时进行。

(4)运动前不吃油腻或过咸食物：油腻食物不容易消化，肠胃需要更多的血液来帮助消化，肝脏也会分泌大量的胆汁去应付。这会造成腹胀，并且影响运动器官的血液供应。

在运动训练之前，食用过咸的食物会造成口干舌燥，如果大量饮水会影响运动的效果。

第三节　运动损伤及处理方法

一、运动损伤的原因

（一）运动损伤预防意识薄弱

在进行体育锻炼时发生运动损伤，与大学生的运动损伤预防意识薄弱有关。缺乏预防意识，在体育锻炼中，运动损伤发生的原因往往是没有积极地采取各种预防措施。由于他们缺乏一定的经验，思想上往往麻痹大意，在进行体育锻炼时往往是盲目的或冒失的，还有些时候会情绪急躁、急于求成，往往出现忽视循序渐进和量力而行的原则的情况；器械练习中注意力不集中等思想心理状态。除此之外，他们往往在练习中因困难、恐惧、害羞等因素而产生犹豫不决和过分紧张等不良情绪，都会造成运动损伤。

（二）体育锻炼安排不合理

在进行体育锻炼时，安排不合理是导致运动损伤的重要原因之一，通常不合理安排主要体现在准备活动不足、运动负荷过大、运动项目选择不当、运动组织方法不当等几个方面。因此在进行体育锻炼前，首先要了解自己的身体状况，并根据科学的运动水平检测来选择合适运动量的训练。

（三）外界环境因素

外界环境因素包括的方面很多，大致可以分为两个方面，一个是场地器械方面的因素，一个是气温环境因素。

导致运动损伤发生的场地器械方面的因素主要包括以下几个方面：首先，运动场地不平，有碎石或杂物，学生一不小心就会摔倒;其次,跑道太硬或场地太滑,沙坑太硬或有石块,如果不经检查就试用,往往会造成损伤;再次,器械维护不良或年久失修造成运动时断裂,这种原因导致的损伤往往较为严重。如果有器械安装不牢固的情况出现,就会导致练习时出现倒塌。另外,如果器械的高低、大小或重量与锻炼者的体格和体能要求不相符合,再加上没有在练习时采取适当的保护措施,大学生在运动时没有合适的着装,穿皮鞋、塑料底鞋等,这些都是导致损伤容易发生的因素。

气温环境方面的因素,主要包括以下几个方面:首先,气温过高是导致疲劳和中暑发生的主要原因;其次,气温过低,往往会发生冻伤或由于身体协调性降低而引起肌肉和韧带损伤;再次,潮湿高热容易使大学生出汗量增多,从而导致肌肉痉挛或虚脱的出现;最后,光线不良会影响大学生的视力,兴奋性会受到影响降低、反应迟钝。除此之外,需要强调的是,有害气体的污染也是导致运动损伤发生的重要因素,需要引起重视。

(四)慢性劳损或患病史所致

慢性劳损是大学生身体局部过度活动、长期负重,或者某部受到持续、反复的外力作用而造成的慢性积累性损伤,它在老队员的伤病因素中最为明显。慢性劳损致病多发于人体活动枢纽的腰部和反复受到牵拉、应力作用的髌骨,具有病因较难祛除、伤病不易治愈和队员又不能停训的特点。慢性劳损还和不科学的运动训练、新伤的不彻底治疗以及重复受伤有关。

针对一些过去有过患病史的大学生,要先咨询医生,看根据自己的身体情况适合参加哪些体育运动项目,运动是否对自己的身体具有再次伤害和诱发可能性,无诱发或再伤害可能的情况下是否影响运动发挥等。

(五)大学生缺乏医务监督

有些大学生由于对自身条件的认识不够而选择了不适宜自

身的运动项目，结果损伤的发生率偏高。例如，在一些年龄偏大的大学生中，采用蛙跳来增强腿部肌肉力量，运动负荷安排过大，就容易出现膝关节损伤；进行柔韧性练习时，韧带肌肉被动过度拉伸会造成肌肉撕脱。所以训练要科学，并选择适合于自身条件的运动，大学生必须在训练前进行体检及运动功能评定，以便为教练提供科学的信息从而合理安排锻炼。因此缺乏医务监督也是导致运动损伤的重要原因之一。

二、常见运动损伤的处理方法

（一）常见急性损伤处理方法

1. 挫伤

损伤原因及征象表现：挫伤是指在钝重器械打击或外力直接作用下使皮下组织、肌肉、韧带或其他组织受伤，而伤部皮肤往往完整无损或只有轻微破损。发生挫伤后，以疼痛、肿胀、皮下出血和功能障碍的症状为主。

处理方法：受伤后应马上进行局部冷敷、外敷新伤药等，适当加压包扎，并抬高患肢，以减少出血和肿胀。肱四头肌和小腿后群肌肉的严重挫伤多伴有部分肌纤维的损伤或者断裂，组织内出血形成血肿，应将肢体包扎固定后，迅速送医院诊治。头部、躯干部的严重挫伤可能会伴有休克症状，应认真观察呼吸、脉搏等情况，休克时应首先进行抗休克处理，使伤员平卧休息、保温、止痛、止血，疼痛甚者，可口服可卡因，或者肌肉注射杜冷丁，并立即送医院诊治。

2. 肌肉拉伤

损伤原因及征象表现：肌肉主动强烈地收缩或被动过度地拉长所造成的肌肉细微损伤，肌肉部分撕裂或完全断裂，称为肌肉拉伤。发生拉伤后往往会表现出的征象为：局部疼痛、压痛、肿胀、肌肉发硬、痉挛、功能障碍。如果肌肉断裂，伤员受伤时多有撕裂感，随之失去控制相应关节的能力，并可在断裂处摸到凹陷，在凹陷附近可摸到异常隆起的肌肉断端。

处理方法：拉伤时应立即采用氯乙烷镇痛喷雾剂等进行局部冷敷，加压包扎，并把患肢放在使受伤肌肉松弛的位置，以减轻疼痛。肌纤维轻度拉伤及肌肉痉挛者，用针刺疗法会取得良好的效果。肌肉、肌腱部分或完全断裂者应在局部加压包扎，固定患肢后，马上送医院诊治，必要时还要接受手术治疗。通常拉伤 48 小时后才能开始按摩，但手法一定要轻缓。

3. 关节、韧带损伤

(1)指间关节扭伤

损伤原因及征象表现：出现急性损伤时，表现出的征象一般有疼痛剧烈、关节周围红肿、运动功能发生障碍、局部压痛等。如果出现一侧韧带断裂的情况，就会导致轻度侧弯畸形和异常的侧向运动出现；如果发生了关节脱位，就会出现伤指向背侧屈折成畸形的情况。通过 X 光拍片进行检查，可以看见指骨基底部的撕脱性骨片。

处理方法：如果是急性扭伤，要立即进行冷敷，然后局部外敷新伤药并固定；如果出现指间关节韧带断裂的情况，就应将伤指屈曲位固定 3 周。另外，还可以用粘膏支持带将伤指与患侧邻近的健指作环形的固定。但是，需要注意的是，如果是拇指、小指尺侧和食指桡侧韧带出现断裂，那么就必须用夹板固定。如果伤情较为严重，比如指间关节韧带断裂后侧向运动比较明显或撕脱骨片嵌入关节时，就应该及时通过手术进行治疗。

(2)肘关节内侧软组织损伤

损伤原因及征象表现：出现急性损伤时，表现出来的征象主要有疼痛，肘关节屈伸运动受限，局部微肿、压痛等。如果出现组织断裂，就会表现出皮下瘀斑、关节肿胀明显、轮廓不清等征象。

如果是慢性病例，往往会在准备活动后疼痛消失，重复损伤机制中所述的受伤动作时疼痛，在完成动作时，往往会出现“软肘”现象。

处理方法：如果是急性损伤，应该采用的处理措施为，损伤局部立即用氯乙烷或冰袋进行冷敷，然后加压包扎，并于屈肘90°角使用三角巾悬吊固定。伤后24小时，可外敷新伤药、理疗或强的松龙与奴夫卡因混合液进行痛点注射等。另外需要强调的是，肘部急性损伤后运用按摩治疗，但是一定要慎重处理，防止加重病情。同时，需要注意的是，由于肘关节附近的损伤，常可并发外伤性骨化性肌炎，因此，局部被动暴力活动不宜采用。

(3)肩关节损伤

损伤原因及征象表现：发生急性肩袖损伤后，在肩的外侧往往会产生一定的疼痛感，有一些病例疼痛会向三角肌止点或颈部放射，有部分病人会在夜间有加剧疼痛的现象。另外，该损伤会在一定程度上限制肩关节的活动，主动或被动地使上臂外展至60°～120°角间或内外旋转时会出现疼痛。当上臂从180°角上举位放下时，同样也在60°～120°角间，也会有疼痛产生，这是肩袖损伤，尤其是冈上肌损伤的重要征象。

处理方法：急性期上臂置于外展30°位置，适当休息，理疗、针灸、按摩、外敷中药或痛点封闭，效果都较好。按摩可以用推、揉、搓、滚等手法，配合选用曲池、肩髃、阿是穴等，最后活动运拉肩关节和上肢。如果怀疑有肌腱断裂者，要送往医院作进一步的检查和处理。

(4)膝关节胫侧副韧带损伤

损伤原因及征象表现：在发生膝关节胫侧副韧带损伤后，后膝内侧部会突然出现剧烈疼痛，关节强迫于屈曲位，腘绳肌产生保护性痉挛，拒绝任何活动，勉强用足尖行走。轻中度韧带损伤，如不损伤关节内结构，一般不引起膝关节肿胀，经过简单固定可继续参加比赛；严重的内侧副韧带损伤，内侧副韧带深层损伤，特别是合并有半月板损伤、交叉韧带损伤或关节骨折，膝关节可出现关节肿胀，积血，功能障碍更加明显。

处理方法：损伤早期主要防止损伤加重、固定、止痛。局部立即给予氯乙烷麻醉、降温或冷敷，松软敷料及弹性绷带加压包扎止血固定，抬高患肢，减轻肿胀。3天后局部热敷或应用中药外敷，并进行股四头肌训练。3周内局部支持带或支具辅助下扶拐杖行走。6周后去除支具或拐杖膝关节屈伸活动，渐进性抗阻锻炼。3个月后恢复日常活动。如患膝疼痛、肿胀明显，外翻应力试验阳性，X线片有骨折，原则上需手术修复。手术修复断裂的韧带止点或缝合撕裂的内侧副韧带，术后康复训练。合并内侧半月板及前交叉韧带损伤者，也需手术修复。

(5)踝关节扭伤

损伤原因及征象表现：在发生踝关节扭伤后，伤处疼痛、肿胀，韧带损伤处有明显压痛和皮下瘀血。

处理方法：发生踝关节扭伤后应立即用冷水冲洗或冷敷（放上清洁的凉毛巾或冰块），用绷带固定包扎，并抬高患肢。24小时内不得按摩、热敷等。24小时后根据伤情进行外敷药、理疗、按摩等治疗。

(6)跟腱断裂

损伤原因及征象表现：跟腱断裂足部表面无异常现象但有剧烈撕裂疼痛，丧失足部活动能力。是一种非常严重的运动损伤。

处理方法：发生跟腱损伤，应快速用冷水、冰块冷敷，固定踝关节，抬高患肢，送医院处理。

4. 腰扭伤

损伤原因及征象表现：腰扭伤在举重、跳水、投掷、体操、篮球、排球等运动中最容易发生。在一些体育活动中，腰部的肌肉还没活动开就猛一用力，肌肉和韧带拉伸过度，或是负荷重量过大，强行用力，脊柱过度前屈，技术动作的错误等，都会造成腰扭伤。

处理方法：发生腰扭伤后，要停止活动，立即休息。如果不休息、不及时治疗，容易反复发作留下病根，变成慢性腰腿痛。躺在床上休息时，为了使腰部的肌肉放松，腰下可垫个薄点的软枕头，以减轻疼痛。腰扭伤后，用热敷疗法较好，并注意适当加强背肌练习，也可去医院接受治疗。

5. 髌骨劳损

损伤原因及征象表现：导致髌骨劳损发生的原因有很多，最主要的有跑跳过多、膝关节长期负担过度或反复微细损伤的积累等，局部遭受一次撞击和牵扯也会导致髌骨劳损的发生。在发生髌骨劳损早期或症状较轻者在大运动量训练后，患者往往会有膝痛和膝软的感觉，但是，经过一段时间的休息后，症状会有所缓解。随着病变的进展，疼痛会有所加重，准备活动后症状又会有所减轻，训练结束后又会出现加重的情况。症状重者走路和静坐时也会感觉到痛，髌骨尖、髌骨周缘有压迫痛，膝关节伸膝至110°～150°之间有较为明显的疼痛感。

处理方法：如果较好地运用登台阶法、直抬腿法、髌骨抽动法、高位静力半蹲法等，往往能够收到较为理想的治疗效果。另外，中药外敷、理疗、中药渗透或直流电导入针灸、按摩等措施也可以适当采用，能够起到一定的辅助治疗效果。长期保守治疗无效，症状加重的髌骨软骨患病者，应及时进行手术治疗。

6. 运动性昏厥

损伤原因及征象表现：在体育运动中，特别是田径运动中的一些耐力和速度项目，激烈的运动引起呼吸、心跳骤然停止，造成血液循环停止。如果对患者不及时抢救，很容易造成永久性损伤或死亡，因此，要想较好地抢救运动性昏厥，就必须尽快做心肺复苏术，并通过胸外心脏按压和人工呼吸，来促使血液循环得以恢复，以尽可能地避免伤亡。

一般来说，标准的心肺复苏术主要包括判断意识和畅通呼吸道、人工呼吸、人工循环三部分，具体内容如下。

(1)判断意识和畅通呼吸道：当有人出现昏迷倒地时，应按以下方法进行，首先要轻摇受伤者肩部并高声呼喊其名字并询问病情，如果受伤者没有反应，就应该立即对其人中、合谷等穴位进行掐压。如果仍不见其苏醒，那么就应该立即向周围呼救并打急救电话，然后使其仰卧，头、颈、躯干平直勿扭曲，双手放于躯干两侧，等待医生的救援。

处理方法：通过采用仰头抬颌法来使病人的气到得以通畅。具体做法是，施救者将一只手放在伤员前额以使其头部后仰，另一只手的食指和中指放在伤员的近下颌骨处，以上下颌抬起，这样做就能够使伤员的呼吸道保持通畅，同时还要及时拨打急救电话或将其送往医院进行抢救。

(2)人工呼吸：在使伤员的呼吸道保持通畅之后，首先要对伤员是否有呼吸进行判断，具体做法为：施救者将脸贴在伤员口鼻处，来感受伤员是否有气息进出，同时观察伤员的胸部是否有起伏，如果以上情况均没有反应，那么就可判断这个伤员没有了呼吸，这时就需要对伤员进行人工呼吸。

处理方法：首先，需要强调的是，口对口人工呼吸必须要在保持伤员呼吸道通畅和口部张开的情况下进行。具体做法是，用按其前额的手的拇指和食指捏住伤员的鼻孔，深吸一口气后，张开口紧贴其口(注意要将其口全部包住，在条件允许的情况下先用一块无菌纱布盖住伤员的口)，向伤员口中吹气时要快而深，直到看到其胸部上抬。一次吹起完毕之后，要立即与其口脱离并放松捏鼻的手指，以便于伤员从鼻孔中出气，轻轻抬起头部，目视其胸部，同时吸入新鲜空气，准备进行下一次人工呼吸。一般情况下，每次吹入的气量以 800～1 200 毫升为宜。

(3)人工循环：首先，要确定伤员有无脉搏。具体方法是，施救者一只手放在伤员的前额，以使其头部保持后仰，另一只手触摸伤员一侧的颈动脉，用手指和中指指尖触及伤员气管的正中部位(男子可以先触及喉结)，然后向后旁滑移 2～3 厘米，在气管旁的软组织处触摸颈动脉搏动。

处理方法：首先要对伤员有无脉搏进行判断，若没有脉搏，就要立即进行胸外心脏按压。具体操作方法为：首先要将伤员仰卧在地上或硬板床上，并在气道开放的前提喜爱先进行两次人工呼吸，然后快速找到心脏按压的部位，食指和中指并拢并沿着伤员的肋弓向上向中间滑移。并在两侧肋弓交叉点出寻找胸骨下切迹(剑突处)，并将此作为定位标志；然后，将食指和中指横放在胸骨下切迹上方，食指上方的胸骨正中部位即为按压区，将一只手的掌跟叠放在另一只手的手背上，但不能使手指接触胸壁。需要强调的是，在进行人工循环时，施救者的双臂要绷直，双肩在伤员胸骨上方的正中，以髋关节为指点，以肩臂用力，垂直向下用力按压。通常情况下，对于成年伤员的按压频率下为 80～100 次/分，按压深度为 4～5 厘米。

一般来说，心肺复苏可以分为单人心肺复苏术和双人心肺复苏术。其中，在进行单人心肺复苏术时，首先要按照上述步骤来完成人工呼吸，然后在进行 15 次胸外心脏按压。也就是说，吹起和按压的比例为 2∶15，如此反复进行，一直到医务人员赶到或伤员恢复心跳和自主呼吸。双人心肺复苏术，除了按要求完成上述步骤外，一人进行口对口人工呼吸，另一人进行胸外心脏按压。需要注意的是，两人必须要协调配合，并按照按压和吹气 5∶1 或 4∶1 的比例进行，这种心肺复苏术对专业水平要求较高，因此往往是由专业人员操作的。

(二)常见慢性损伤处理方法

1. 滑囊炎

损伤原因及征象表现：凡摩擦频繁、压力较大的部位几乎都有滑囊存在，其主要作用是减少摩擦力。滑囊炎是局部运动量过大而引起的一种不适应性炎症反应，有疼痛和压痛感，多发生于手腕、掌指关节、脚踝后部、肩前部等部位，是体育运动中常见的一种劳损性伤病。滑囊炎患者的关节附近会出现一个疼痛包块，大小不定，运动受限各异。表浅者可扪及边缘并测出波动，穿刺可得淡黄色、透明、比较黏稠的液体。

处理方法：抽吸出滑液，注射醋酸泼尼松类药物于滑囊内，并加压包扎即可，疗效较好，但易复发。非手术治疗无效且影响训练或日常生活者，考虑手术切除病变滑囊。

2. 腱鞘炎

损伤原因及征象表现：产生腱鞘炎的原因是由于肌腱与腱鞘长期、快速、用力地摩擦，使两者都发生损伤而水肿，同时发生腱鞘炎和肌腱炎；炎症发生时，鞘管相对狭窄，压迫其中的肌腱，反复发作的水肿则会引起腱鞘和肌腱增生。鞘管本来就很小，增生的腱鞘会压迫肌腱，使肌腱水肿、增生，呈葫芦状肿大，阻碍肌腱的滑动，运动时会有弹响或闭锁发生。在最开始发生腱鞘炎的部位在早晨起床时会发僵、疼痛，在活动一段时间后会症状会消失。但如果没有得到患者的重视，发生腱鞘炎的部位会出现持续的发僵和疼痛，严重者有弹响或闭锁，患处局部压痛。若部位表浅，则可扪及一压痛性结节，该结节随肌腱滑动，并可感到弹响由此处发出。

处理方法：腱鞘炎发病早期应注意患肢休息、局部制动、理疗，直到症状完全消失。上述治疗无效时，可用甾体抗炎药（如曲安奈德）局部封闭，以减轻局部炎症反应。局部封闭注射每周 1 次，3～4 次为 1 个疗程，同时配合理疗。症状完全消失后可逐渐开始恢复训练，但要注意正确的训练方法，避免致病因素，才能防止复发。病情严重者，终日疼痛或闭锁不能解除时，需手术切开狭窄的腱鞘。

3. 肌肉痉挛

损伤原因及征象表现：运动性肌痉挛可能与多种因素有关，如在体育锻炼中，剧烈的运动会造成肌肉快速连续性的收缩，从而导致肌肉收缩与放松的协调关系遭到破坏，尤其是在局部肌肉处于疲劳的状态时，大量乳酸堆积，此时更容易引起肌肉痉挛。

运动中大量排汗，使电解质丢失太多，也易发生肌肉痉挛；还有的因准备活动不够，或情绪过度紧张也会是肌肉产生痉挛。当有机体的某部位产生痉挛时，会出现剧烈的疼痛，并伴随着局部肌肉变硬，可持续数分钟，缓解后易复发。

处理方法：不太严重的肌肉痉挛，只要向相反的方向牵引痉挛的肌肉，一般都可以缓解。牵引时不可使用暴力，用力宜均匀、缓慢，以免肌肉被拉伤。此外，还可配合局部按摩，重力按压、揉捏和点掐或针刺痉挛肌肉的相关穴位，如腓肠肌痉挛时，可点掐或针刺委中、承山、涌泉等。严重的肌肉痉挛有时需采取麻醉才能缓解。处理过程中需要保暖。

4. 腰部肌肉筋膜炎

损伤原因及征象表现：腰肌筋膜炎，也就是通常所说的腰肌劳损，其病理的改变也是多种多样的。其中，主要的包括筋膜、神经、血管、肌肉、脂肪及肌腱的附着区等不同组织的变化。通常情况下，大多数的急性腰部扭伤都是因没有接受彻底的治疗便参加运动，从而产生过度劳损所致。此外，导致腰部肌肉筋膜炎的原因还有锻炼中出汗受凉。该损伤发生以后，往往会表现为局部酸疼发沉等自发性疼痛，最常见的疼痛部位是腰椎的3、4、5两侧骶棘肌鞘部，有很多患者会同时感觉有疼麻放射到臀部或大腿的外侧；对于大部分患者来说，能够坚持从事中小运动量的锻炼，但常常会在练习之前后表现出疼痛症状；在脊柱活动中，尤其是前屈时常在某一角度内出现腰痛。

处理方法：可采用理疗、按摩、针灸、封闭、口服药物、用保护带及加强背肌练习等非手术治疗手段。对顽固病例可手术治疗。

第六章　促进大学生体质健康的锻炼方法与手段研究

大学生需要通过参加一些体育运动项目才能够促进自身的体质健康，全面提高自己的身心素质水平。本章主要研究促进大学生体质健康的健身走、健身跑、休闲球类运动以及健美操等四种方法与手段，通过学习本章，大学生能够正确运用体育锻炼方法来提高自身的健康水平。

第一节　健身走

一、健身走概述

走包括走路、步行、散步、竞走等，它是人体最基本的运动方式。也正因为走在日常生活中司空见惯，人们几乎忽视了走的健身意义。通过进行各种各样走的锻炼可以达到强身健体的目的，而通过走姿、走速，可以判断一个人的健康状况。通常一个身体健康、充满活力的人可以是健步如飞，而一个体弱多病的人却是步履蹒跚。

健身走所具有的健身价值，主要表现在以：增强运动素质；增加骨质强度；增强心脏功能；有益心理健康；促进智力开发；促进疲劳消除；促进减肥；预防治疗疾病等。

二、健身走基本方法

健身走的方法有很多，主要包括散步、踏步走、快步走、倒步走，此外还有其他一些健身走方法。下面主要健身走的方法进行分析。

（一）散步

散步是一种悠闲轻松的健身走方法。散步要达到良好的锻炼效果必须保持身体姿势的正确，即放松、自然、脚放平、柔和着地、抬头挺胸、收腹收臀、保持与脊柱成一直线，两肩放松，两臂自然下垂协同两腿迈步，动作自然，前后摆动，两腿交替屈膝前摆，足跟着地滚动至脚尖时，另一腿屈膝前摆足着地，步幅因人而异。散步是一种十分有效的锻炼方法，既有利于身体的锻炼，也有利于紧张心理的缓解和情绪的改善，主要适宜于中老年人和体弱多病者，以及关节炎、心脏病和糖尿病患者（图 6-1）。

图 6-1

散步的锻炼方法主要有普通散步法、摆臂散步法、快速行走法、摩腹散步法和臂后背向散步法。普通散步法速度为 60～90 步/分钟，每次应走 20～40 分钟。摆臂散步法行步时两臂前后做较大幅度的摆动。行走速度为 60～90 步/分钟。快速行走法速度为 90～120 步/分钟，每次应走 30～60 分钟。摩腹散步法是传统的中医养生法，行走时两手旋转按摩腹部，速度为30～60步/分钟，每走一步按摩一周。臂后背向散步法是行走时把两手背放在腰部，缓步背向行走50步，然后再向前走100步。这样一退一进反复行走5～10次。

（二）踏步走

踏步走是在原地走或稍有向前移动的特殊走法。踏步走时，要求身体直立，两臂自然下垂或屈臂。踏步走时两腿交换屈膝抬腿或前脚掌落地，两臂协同两腿前后直臂或摆动，屈膝抬腿至髋高达到抬腿最高点，直腿或膝落地均可，落地要轻缓、平稳。踏步走锻炼，没有任何限制，适合于各种人群。通过锻炼，可提高下肢、腰腹部肌肉力量和内脏器官系统的机能。

踏步走的方法主要有以下几种。

(1)踏步走两腿交换频率因人而异，一般来说，以每腿35～45次/分钟为宜。踏步者也可以根据自身的身体素质情况，不断提高抬腿高度与两腿交换频率。

(2)踏步走脚落地最好用前脚掌先着地，然后滚动全脚着地，注意脚的缓冲，身体重量落在前脚掌上。

(3)每天早晚进行两次原地踏步走的锻炼，在踏步走中要不断创编出新的组合踏步法，如踏步4拍一转体、按音乐节拍踏步、闭眼原地踏步、有氧台阶踏步、有氧踏板等。

(4)踏步时用脉搏控制运动负荷，健康成人1分钟踏步走脉搏最高可达180次/分钟；一般练习者1分钟踏步走脉搏达到120～150次/分钟即可达到健身最佳效果。身体不适者1分钟原地踏步走脉搏最高控制在120次/分钟以下。

(5)运动时，进行变速度原地高抬腿踏步走，能达到减肥目的。

（三）倒步走

倒步走即向后行走（图6-2），倒退行走时，两腿交替向后迈进，增强了大腿后肌群和腰背部肌群力量，同时还保健小脑，有利于提高人体的灵活性、协调性。倒步走可使人精力集中，心理趋于安定，神经的自律性得以增强，使神经系统和肌肉组织得到比正常运动更全面的锻炼。倒步走适合各种年龄的肥胖者，也适用于腰部损伤、慢性腰部疾病的康复训练，同时还可防治脑萎缩。倒步走可分为叉腰式和摆臂式两种。

(1)叉腰式倒步走：行走时双手叉腰，拇指在后按“肾俞”穴(位于第2腰椎两侧，离开脊柱2横指宽处，上下位置与脐相平)，四指在前，腿部动作同摆臂式。每后退一步，用两手拇指按摩“肾俞”穴一次，缓步倒退行走100步，然后再正向前走100步。一背一正反复走5～10次，可以起到补肾壮腰的作用。

(2)摆臂式倒步走：上体自然正直，腰部放松，身体不要后仰，不要抬头，眼要平视。右腿支撑，左腿屈膝后摆下落，以左前脚掌先着地，然后滚动到全脚掌着地，身体重心随之移至左腿，按同样方法左右脚交替后退，两臂配合两腿动作自然前后摆动。步幅1～2脚长。

图 6-2

(四)快步走

快步走是一种步幅适中或稍大、步频加快、步速较快(130～250米/分钟)、运动负荷稍大的健身锻炼方法。快步走时，身体适度前倾3°～5°，基本姿势为抬头、垂肩、挺胸、收腹收臀。在行走过程中，两臂配合双腿协同摆动，前摆时肘部成90°，手臂高度不高于胸，后摆时肘部成 90°，两手臂在体侧自然摆动，两臂摆幅随步幅的变化而变化。双腿交换频率加快，步幅尽量稳定，前摆腿的脚跟着地后迅速滚动至前脚掌，动作要柔和，后脚离地(图 6-3)。快步走法适用于中老年人和慢性关节炎、胃肠病、高血压病恢复期患者。

图 6-3

快步走的方法主要有以下几种。

(1)两脚以脚的内侧为准踩成一条直线。骨盆稍有前后左右的转动，但不宜过大。

(2)快速走的步速要均匀，也可采用变速的方式。以每分钟 100～120 步的速度快速走，或每小时走约 5 千米；以每分钟 100 米的急速步行，或每小时行进 6.5 千米，每次 30～60 分钟。

(3)步幅不要过分加大，主要加快步频练习。

(4)脉搏控制在 120～150 次/分钟，为进行跑步锻炼打下基础。

第二节　健身跑

一、健身跑概述

健身跑是一种以增进身体健康为主要目的的跑，因此，在从事健身跑时，要根据本人的实际情况，恰当地选择跑的距离和速度。所以，只要是以增进健康为目的，从自身实际情况出发，而进行的各种距离的跑，都应称为健身跑。

作为一项基础性健身锻炼方式，健身跑具有以下特点。

(1)容易操作。健身跑简便易行，对场地、器材的要求不是很高，易于开展，这是大多数人选择健身跑锻炼的主要原因。

(2)锻炼形式灵活方便，活动量与强度易于掌握，可根据自己的身体状态来确定活动量与锻炼方式。

(3)可有效加强体能储备。在最大负荷运动过程中，心血管系统可发挥最大的机能潜力，充分调动人体的储备力量。

(4)适应性良好，群众基础好。健身跑适合各年龄层次和各种身体条件的人们，是可以坚持进行的一项终身性体育锻炼项目。

(5)动员快。运动开始后，能迅速动员心血管系统进行活动，以适应运动的需要。

(6)健身效果明显。健身跑时，强度较低，但肌肉的耗氧量同样会加大。整个耗氧过程的主要器官参与者是心血管系统，心跳次数增加。呼吸加快，以便为肌肉提供更多的氧。因此，健身跑锻炼可有效地改善心肺和血管的机能，增加血液总量，提高运氧能力和肺活量水平。

(7)锻炼时，身体不易受伤，并且不受天气的限制。

(8)恢复快。运动后恢复期短，即机能变化很大时，能很快恢复到安静状态水平。总之，健身跑运动是深受人们喜爱的一种运动形式，随着经济的发展和社会的进步，人们生活水平进一步提高，健身的需要也日益增长。所以，在大众健身中，健身跑的广泛开展，不仅对全民健身的实现具有重要的意义与价值，而且对于现代生活方式的改变也是极为重要的。

作为现代田径健身中的一种健身方式，健身跑的锻炼价值主要包括以下几个方面。

(1)健身跑能有效地增强呼吸循环系统的功能。长期进行健身跑练习，可以使呼吸肌在跑步中得到锻炼，增大呼吸肌的力量，加大呼吸的深度；可以使肺活量适应性增大，扩大肺通气量，减少呼吸次数，最终提高呼吸功能储备，也提高了练习者对氧的利用率。

(2)经常从事健身跑锻炼的人群，可以提高肌肉的充实度，提高线粒体中氧化酶的活性，提高骨骼肌持久工作的能力，改良骨骼结构，促进青少年的骨骼发育，减缓老年人的骨质疏松症的产生。

(3)健身跑可以使心腔增大，每搏输出量增加、心动徐缓，使心脏的舒张期延长，心肌可以得到更多的休息时间，从而使心脏工作能力更加持久。同时，随着心血管系统功能的增强，使人体外周的血液通道——毛细血管增多，增加供血量，为机体的氧运输提供了便利条件，从而提高骨骼肌的耐力，不易疲劳。

(4)跑步时，人体由于体内糖的消耗量增加，会促使肝脏的供糖能力加强，所以长期从事健身跑锻炼可以改善肝脏的工作能力。

(5)健身跑运动是人体各个部分有规律而协调地运动产生的，长期进行健身跑的锻炼，能使神经的兴奋与抑制、传导与反应等机能得到明显的改善，使人体对外界的适应能力有明显的提高。

(6)坚持健身跑，不仅使人体的肌肉得到定期的锻炼，而且，对人的大脑同样也会产生良好的影响。

(7)长期健身跑可以改善机体的焦虑、抑郁、精神分裂等不良心理状态。锻炼对于压力和焦虑积极的影响通常归因于内啡肽的作用，内啡肽是由身体分泌的神经传递素，能够给予我们欢快的感觉。跑步不仅能够帮助人们从压力中释放出来，而且还有助于你以充沛的精力来应对高压的环境。

(8)“跑步者高潮”体验是在跑步中出现的高潮，也称“体育锻炼快感”。这种状态是在跑步(或其他运动)中瞬间体验到的一种欣快感，通常是不可预料地突然出现。在出现时，跑步者感到一种良好的身心状态，自身与情景融为一体，身体轻松，忘却自我，充满活力，甚至超越时空障碍的一种流畅体验。

二、健身跑基本方法

（一）原地跑

原地跑是在室内进行的一种健身形式的锻炼（图 6-4）。原地跑的时间可长可短，根据需要而定。跑的速度可逐渐加快，动作也可逐渐加大，以便逐渐增加运动强度和运动量，也可以根据跑步的速度挑选合拍的音乐，在音乐伴奏下原地跑步，提高练习兴趣，发挥跑步的健身功效。适用于普通健康人，以及有较好锻炼基础的慢性病患者。

图 6-4

（二）慢速跑

慢跑是一种主要的健身跑锻炼方式（图 6-5）。它是根据自己的体质情况，以匀速慢跑的方式完成一定距离，来达到锻炼身体目的的运动方式。健身慢跑，始以 90～100 步/分钟为好，然后逐渐增到 110～130 步/分钟。运动时间以每天 30 分钟左右为宜，距离 2.5～3 千米。速度可参考下列指标：如慢跑 1 千米距离，8—12 岁儿童用 8～9 分钟；青少年用 7～8 分钟；30—49 岁中年人用 8～9 分钟；50 岁以上老人用 10～15 分钟。锻炼应每日或隔日进行一次，老年人和体质较弱者可以比走步稍快一些，体质好的跑速可稍快。

图 6-5

(三)变速跑

变速跑就是在跑的过程中快跑一阵后，再慢跑一阵，快跑和慢跑交替进行的一种跑法。当慢跑时，肌肉活动不是很激烈，吸入的氧气就可以满足肌肉活动的需要，是有氧代谢；而快速跑时，肌肉活动激烈，氧需求量增多，不能满足运动对氧的需求，属于无氧代谢。变速跑的锻炼，不仅对发展一般耐力有好处，而且也能提高机体的速度耐力素质，对提高人体机能大有益处。这是适合体质较好的健身跑爱好者。

(四)倒跑

倒跑是返序运动中的一个健身项目，是背部指向正常跑步方向的运动，两脚向后移动的跑步方式。倒跑时，上体正直稍向后，抬头挺胸，两眼平视，双手半握拳置于腰间，一条腿抬起向后迈出，脚尖着地，身体重心随之后移，再以同样的方式换另一腿，小跑步向后退去，交替进行，两臂自然前后摆动，身体不要左右的摇摆。

(五)滑步跑

滑步跑是指在进行跑步锻炼时，练习者不是面朝前方，而是侧身而跑，即向左跑或向右跑。向左跑时，右脚先从左脚之前向左侧移动一步，左脚则从右脚之后向左移动一步，如此反复侧向前进，而向右跑时，正好相反。这种跑步方式适用人群广泛，多在其他跑步方式锻炼间隔中进行，可增加机体的灵活性、敏捷性、协调性及平衡性。

（六）迂回跑

在跑步的前方，可设置一些障碍物（或选择有障碍物的地点），障碍物与障碍物之间有一定距离，跑步时交替性地从障碍物的左右侧跑过。跑过之后，还可以设法再跑回来。这种跑步的方法，非常适合于青少年，是一种游戏式的跑步，可增加跑步的趣味性，并锻炼身体的灵活性。

（七）定时跑

定时跑有两种情况，其一是每天必跑一定时间，而不限速度和距离，如开始时每周 2 次，每次 30 分钟，以后逐渐增加至每周 3～5 次以上，每次时间也延长至 30～60 分钟等。其二是限定在某段时间内跑完一定距离的方法，如开始时 5 分钟内跑完 500 米，以后随运动水平的提高可缩短时间，加快速度，或加长距离来加快速度，以提高速度耐力素质，对提高体力，检验体力有益处。

（八）旋转跑

旋转跑是倒序运动中的一项特殊的健身运动，它既不同于正常跑，又不同于倒跑，是向前跑、侧身跑和倒跑几种方式的综合运动。旋转跑时，先在原地练习顺时针和逆时针旋转，不求快速只求匀速。在开始跑时，圈子要大一点，速度要慢一点，逐渐由慢到快，由大到小。向左向右转两个方向都要进行练习。一般人都习惯了顺逆时针各转 3 圈后，即可在跑步过程中不时旋转，并逐步增加旋转的频率、速度及圈数。初跑者宜将速度放慢，跑动距离控制在一定范围，跑步方式的选择可根据自己的喜好。旋转跑由于身体的旋转,使人体产生了一定的离心作用,破坏了习惯性重力的感觉,使身体各部位器官、血液循环系统,随着人体的旋转发生横向扩张,从而促进全身血液循环和脑部的供氧功能,使各器官得到锻炼,有利于提高人体的平衡能力。

(九)跑楼梯

跑楼梯要求腰、背、颈部和肢体不间歇地活动,肌肉有节奏地收缩和放松,可促进肺活量,加速血流,改善新陈代谢和增强心肺功能。跑楼梯可延缓肢体肌群萎缩、韧带僵硬、骨质疏松脆弱,达到强肌肉、疏关节、柔韧带、坚骨质的健美效果(图 6-6)。

图 6-6

(十)跑跳交替

跑跳交替即跑一段距离之后跳几下,再跑一段,再跳几下,这样跑跳交替进行,跑的速度可根据自己的身体情况采用慢跑或中速跑,或稍慢速度,动作要放松协调,轻松自如,具有良好的节奏。跳是身体向前跑的过程中尽量向上跳起几下,使身体肌肉、关节在长时间的连续活动中得到刹那间的休息,可缓解跑步的疲劳,同时锻炼弹力。

(十一)气功慢跑

气功慢跑法,即将跑步与气功锻炼相结合,把气功的调身、调心、调息运用到跑步上来。气功慢跑讲究姿势的正确，在跑步的过程中，人体处于运动状态，各个部位必须保持相应平衡，颈椎和腰椎处于身体平衡的中心部位，协调着四肢运动。身体过分摇摆，或跑步时姿势不当，便会使颈椎和腰椎的椎间力失去平衡，相应的肌肉群活动不相协调。这种长时间失去了平衡的状况，容易诱发颈椎病和腰腿痛。气功慢跑要求在跑动时上身略微前倾，前脚掌先着地，随后脚跟着地，头正颈直，双臂摆动自然，身体不要过分摇晃，呼吸要自然。这对颈椎、腰腿保健十分有益。

第三节　休闲球类运动

休闲球类运动主要有三大球（篮球、足球、排球）、三小球（羽毛球、乒乓球、网球）、台球、保龄球等等，本节主要选取三大球中的篮球和三小球中的乒乓球为例对大学生利用休闲球类运动提高体质健康水平进行分析。

一、篮球运动

（一）篮球运动概述

19 世纪 90 年代，加拿大麦吉尔大学的学生在寒冷的冬季无法进行一些有意义的活动来打发课余时间，因此，这些学生在课后就会感到无聊。当时，在这所学校担任美式橄榄球教练的奈史密斯为了使学生能够在课余时间打发时间，丰富生活，获取快乐，就发明了篮球运动。篮球运动最初是以游戏的形式存在的，后来其不断发展，经历了萌芽、完善与推广阶段、普及与发展阶段、全面提高阶段以及创新发展阶段等五个阶段，篮球运动的主要特征有技能的开放性；战术的多变性；组织的集体性；运动的快速性；活动的娱乐性以及比赛的观赏性等几个特点。

（二）篮球运动的基本技术动作

1. 运球技术

（1）高运球

高运球时，微屈两腿，稍向前倾斜上体，两眼注视前方，将肘关节作为弯曲轴，自然伸屈前臂，用手腕与手指在球的后上方按拍，拍按时动作要柔和而有力。在运球手臂的同侧脚的外侧控制前方球的落点，这样，球的反弹就会高于胸腹位置。在高运球时，运动员推按球要用力，手脚配合要协调（图 6-7）。

图 6-7

（2）低运球

运球时，两腿应迅速弯曲，重心下降，上体前倾，球的落点在体侧，用上体和腿保护球，同时，用手腕和手指短促地按拍球的后上方，使球控制在膝关节的高度。在低运球时，运动员应降低重心，目视前方，注意保护球（图 6-8）。

图 6-8

(3)背后运球

背后运球多用于对手紧逼,无法用体前变向运球的情况下。

以右手运球,向左侧变向为例。变换方向时,将右脚置于前方,把球用右手拉到右侧的背后,将手置于球的右后方迅速转腕拍按,拍按的轨迹是身后—身体左侧前方,然后换左手运球,左脚向前,加速前进。运动员进行背后运球时,右手按拍提拉球换手动作要协调,加快速度(图 6-9)。

图 6-9

(4)体前变向变速运球

倘若运球队员的突破方向是对手的右侧,要先将球运向对手的左侧,当对手迅速向左侧做出移动动作时,运球队员迅速将球运向右侧,将右手置于球的右侧上方按拍。与此同时,向左前方跨出右脚,运用肩膀将对手挡住,然后迅速将左手置于球的后上方进行按拍,从对手的右侧运球超越防守。运动员在运球时,应将重心降低,转体探肩,蹬跨有力,换手变向后要加速(图 6-10)。

(5)体前变向不换手运球

突破对方前,先将球从右侧拨至体前中间位置,当对手向侧移动堵截时,迅速将球拨回右侧,左脚向右前方跨出,同时右手向前运球,加速前进。运动员在突破时注意保护球。

(6)转身运球

当对手右路堵截时,迅速上左脚,微屈膝,重心移至左脚,并以左脚前脚掌为轴做后转身,右手将球拉至身体的后侧方,并按拍球落在身体的外侧方,然后换左手运球,加速超越防守(图 6-11)。

图 6-10

图 6-11

2. 传接球技术

(1)传球技术

①双手胸前传球

双手持球于胸腹间,两肘自然弯曲于体侧,成基本站姿,眼要与传球的目标方向平视。传球时,猛蹬后脚发力,前移重心,前伸两臂,旋转两手腕于内侧,用力下压拇指,迅速用食指与中指拨球,快速传球(图 6-12)。球出手后身体迅速调整成基本站立姿势。

图 6-12

②双手头上传球

双手手指尖朝上，从球侧面持球于头顶，肘部微屈，向传球方向跨步同时手腕后转，球移至脑后，将球向前抛出，手腕下转发力，做好随球动作。

③单手肩上传球

以右手传球为例，在胸前双手持球，两脚以平行姿态站立，左脚在传球时向传球方向迈出半步，右手托球，同时将球引到右肩上方，肘部外展，上臂与地面近似平行，手腕后仰。左肩与传球方向相对，右脚支撑身体重心，右脚蹬地，转体，迅速向前挥摆右前臂，向前弯曲手腕，运用食指与中指将球拨出进行传球(图 6-13)。球出手后，右脚随着身体重心前移而向前迈出半步，保持基本站立姿势。

图 6-13

(2)接球技术

①单手接球

以右手接球为例。右脚向来球方向迈出，接球时微屈右臂，手掌保持勺形姿势，自然分开手指，向迎球的方向伸出手指，同时左脚迈出一步。当手指与球接触后，顺势后撤手臂，同时收肩，上体微向右后转动。然后用左手帮助将球握于胸前。跳起用单手接高球时，可采用手指尖触球后顺势卷腕的手法，把球引到胸前成双手持球（图 6-14）。

图 6-14

②双手接球

用双手做接球动作时，眼睛向来球方向注视，自然分开手指，保持两拇指成八字形姿势，两手保持半圆形动作。接来球前，伸展双臂主动迎球，放松肩、臂、腕和指。双手接球时，先用指端与球接触，同时随球后引两臂，目的是缓冲来球的力量，准备做下一步的动作（图 6-15）。

图 6-15

3. 持球突破技术

(1)原地持球交叉步突破

以右脚做中枢脚为例。左右两脚分开站立，膝盖稍作弯曲，降低身体重心，在胸腹之间持球。突破时，迅速将左脚前脚掌的内侧蹬地，稍微向右转动上体，向前下压左肩，向右前方移动重心，向右侧前方将左脚蹬地，把球引在身体右侧，蹬地并向前跨出右脚,迅速超越防守。运动员在进行原地持球交叉步突破时,应注意弯曲膝盖,降低重心,迅速将移动脚蹬地,向前跨出右脚。(图 6-16)。

图 6-16

(2)原地持球同侧步突破

以左脚为中枢脚为例。准备姿势和突破前的动作要求同交叉步一样。突破时,向右前方将右脚跨出一步,身体向右转并探肩,前移重心,用右手运球,迅速将左脚前脚掌蹬地,并向右前方跨出左脚,突破防守。运动员在做原地持球同侧步突破时,要注意向前跨步移动脚,转体探肩,前移重心(图 6-17)。

(3)行进间突破

行进间突破指的是在与队员互相配合进行传球过程中,队员接球后突然停止移动,将有利位置抢先占领,然后与持球突破技术相结合运用继续进行进攻。在快速移动中,如果队员看到同伴传来的球,应该将双臂伸展准备迎接来球,双臂伸展的方向要与来球方向保持一致,同时用一脚迅速蹬地,两脚向上跳起接前方或侧方的来球，与防守队员形成一定的位置差，此时，两脚落地(同时或先后都可)。落地后，膝盖弯曲，将身体重心降低，并将身体保持平衡平衡状态，要特别注意将球保护好。另外，运动员要快速对同侧步或交叉步突破做出选择，选择依据是防守队员的位置和具体情况。运动员在行进间突破时，要注意协调连贯好摆脱移动、伸臂迎球和跨跳的衔接；接球急停要保持平衡；突破起动要迅速，并注意将球保护好，以防守位置为依据，运用交叉步或同侧步突破防守。

图 6-17

(4)转身突破

①前转身突破

以中枢脚为左脚为例来分析前转身突破技术。与球篮背对，两脚平行或前后分开站立，保持两膝弯曲，将身体重心放低，双手将球放在腹部前方。突破时，身体重心位于左脚，右脚前脚掌内侧用力蹬地，以左脚为轴碾地，此时右脚随前转身跨向球篮方向，身体上部左转，下压左边肩膀。把右手放在球上，将球推向右脚侧的前方，球与手分开后，左脚蹬地，左脚向前方跨出，将对手突破。在运用前转身突破技术时，运动员要注意稳定重心，要紧密衔接转身与突破动作。

②后转身突破

以中枢脚为左脚为例来分析后转身突破技术。与球篮背对，两脚平行或前后分开站立，保持两膝弯曲，将身体重心放低，双手将球放在腹部前方。突破时，以左脚为轴，向后方向转身，向右侧后方移动右脚，脚尖指向的方向为侧后方，向后转动上体并压右肩。用右手把球推向右脚前的方向，左脚内侧迅速蹬地，与此同时将左脚跨向球篮方向，换另一只手来运球，并将防守队员迅速突破。运动员在向后转动身体突破时，应注意保持重心平稳，要衔接好转身与突破动作。

4. 投篮技术

(1)原地单手投篮

以右手投篮为例来说明原地单手投篮技术。双脚在原地分开站立，右脚稍微向前方迈出，运用两脚中间的力量承担身体重心，肘弯曲，手腕向后方向仰，保持掌心是向上的，自然分开五指，用手将球放在右眼前上方，用左手扶住球的侧面，两膝稍稍弯曲，放松上体并稍微向后倾斜，双眼与篮点对视。投篮时，蹬伸下肢，同时顺势伸展腰腹部，肘部上抬将前臂伸直，前屈手腕，手指在手腕的带动下将球弹拨出去，最后运用食指与中指将球用力投出，球与手相离后，右臂要自然跟进投篮动作。在进行原地单手投篮时，运动员应注意手腕要有力，球的飞行要有弧度(图 6-18)。

图 6-18

(2)原地双手胸前投篮

该动作要求两脚左右或前后站立,两腿微屈,前脚掌着地,上体稍向前倾,眼睛注视瞄准点,两手五指自然张开,捏球两侧稍后部位,两拇指相对成八字形,用手指和手掌接触球,手心空出,持球于胸前,屈肘靠近身体。投篮时,两脚蹬地身体伸展,同时两臂向前上方伸出,两拇指向前上方用力推送,手腕稍有外翻,使球从拇指、食指、中指的指尖投出,向后旋转飞行。在进行原地双手胸前投篮时,运动员应把握好弧度不然有碍于投球的命中,注意对手的站位。

(3)行进间投篮

在快速移动过程中完成投篮动作,投篮前无停顿,是行进间投篮的主要特点。投篮队员要弹跳与速度进行充分利用,充分伸展身体,敢于挤靠,在空中形成很好的停滞能力,对各种出手方式进行合理采用,巧妙摆脱对手的干扰,在空隙位置上和空间高度争取有利时机,身体相对保持平衡,快速或换手投篮,投篮时对腕、指控制支配的技巧进行合理运用。行进间投篮技术在中、近距离或突破至篮下时都可进行采用。

①行进间单手肩上高手投篮

在篮球比赛中,行进间单手肩上高手投篮是运动员切入到篮下时常用的一种投篮方法。

以右手投篮为例来说明行进间单手肩上高手投篮技术。球在空中移动的时候,右脚大步幅向投篮方向或来球方向跨出,右脚跨出的同时做接球动作,向前小步跨出左脚,脚跟先着地,稍向后仰上体,迅速蹬地起跳,右腿膝盖弯曲,左脚蹬地与地面分离。双手同时向前上方举球,身体腾空后,向前上方伸展右臂,腕、指动作同原地单手投篮。投篮出手后,两脚同时落地,两腿弯曲,以缓冲落地的力量。在行进间单手肩上高手投篮时,应力求节奏清楚,起跳充分,举球、伸臂、屈腕、拨球动作连贯,用力适度。

②行进间单脚起跳单手低手投篮

经常在快速移动中超越对手并接近篮下时运用行进间单脚

起跳单手低手投篮。

以右手投篮为例。行进过程中大步跨出右脚，与此同时，用双手接球，将球用身体保护好，接着小步迈出左脚，迈出的同时向上奋力起跳，身体随起跳动作充分伸展，伸直右臂，手心向上，将球举向篮圈方向，然后通过手指拨球来投篮。一跨二跳接球牢，挑拨球时力要巧。

③行进间勾手投篮

行进间勾手投篮技术是运动员持球突破至篮下或空切至近篮区背向或侧向篮圈接球后常采用的一种篮下投篮方法。

以右手投篮为例。接球或停止运球后，以左脚向便于投篮的方位跨出一步并起跳，用左肩靠近防守队员，右腿顺势自然上提，注视篮圈，左手离球，右手持球向右肩侧上方伸出，当举球至头的侧上方时挥前臂，以屈腕、压指动作通过食指、中指拨球将球投出。如在篮侧投碰板球，则要利用手指不同的拨球动作，使球向相应方向旋转碰板入篮。在行进间勾手投篮时，运动员应注意跨步蹬地、起跳要与举球动作的协调一致；腕、指动作和力量对球的旋转方向、弧线及落点的良好控制。

(4)跳起投篮

跳起投篮又称跳投，可以在不同距离和各种角度情况下运用。跳起单手投篮是跳起投篮的主要表现，跳起单手投篮的出手动作基本与原地单手投篮的出手动作相同，不同的是，跳起单手投篮的动作中有起跳动作，要在空中完成投篮动作。

以右手投篮为例。在胸腹之间用双手持球，两脚前后或左右分开站立，微屈两膝，两脚之间承担身体重心，放松上体，眼睛向篮圈方向注视。起跳时，适当弯曲两膝，然后用脚掌蹬地发力，腹部提起，腰部伸展，迅速向上摆臂举球，同时做起跳动作，在头上或肩上用双手举球，在球的左侧用左手扶球。当身体升至最高点或接近最高点时，左手与球相离，向前上方伸直右臂，同时屈腕、压指，篮球通过指端投出去，注意要用突发性力量投篮。投篮后，身体自然落地，屈膝缓冲起跳力量，做好冲抢篮板球或回防的准备动作。在跳起投篮过程中，运动员应注意身体的稳定性，球出手时腕、指柔和而准确地屈拨用力（图 6-19）。

图 6-19

（5）扣篮

扣篮是直接将球由上向下灌入篮内的一种投篮方法。扣篮要求运动员必须具备良好的身体素质，特别是弹跳力和控制球能力。扣篮主要有以下几种方法。

①原地双脚起跳双手扣篮

该方法要求运动员双手持球双脚用力蹬地向上跳起，同时将球上举，充分伸展身体，将球举过头顶至最高点并与篮圈构成最佳入射角时，双臂用力前屈，用突发性屈腕、压指的动作，将球扣入篮圈内。球离手后注意控制身体和落地屈膝缓冲。扣篮动作关键：掌握好起跳的时机，身体协调一致并充分伸展，屈腕、压指要有突发性和力度。

②行进间单脚起跳双手扣篮

该方法要求运动员行进间一脚跨出一大步同时接球，接着另一脚向篮圈方向跨出一小步蹬地尽力高跳，随之在空中充分伸展上体，双手举球至最高点，当球举过篮圈高度时，立即用突发性动作挥动双手前臂接着屈腕、压指，将球自上而下扣入篮圈。球离手后注意控制好身体平衡，落地屈膝缓冲。要尽力高跳并充分伸展上体。是否加挥臂动作要视球体超过篮圈的高度而定，主要靠腕、指动作。

③行进间单脚起跳单手扣篮

以右手为例。该方法要求运动员行进间右脚跨出的同时接球，紧接左脚迈出一小步制动并用力蹬地向上跳起，上体充分伸展，高举手臂将球举至最高点，超过篮圈的高度并有适宜的入射角时，立即用突发性向下屈腕和压指的动作，将球自上而下地扣入篮圈之中。球离手后特别要注意身体的控制和落地屈膝缓冲。

二、乒乓球运动

（一）乒乓球运动概述

乒乓球运动于19世纪末期起源于英国，随后在整个欧洲蔓延开来。乒乓球运动的起源与网球有着千丝万缕的关系，乒乓球运动的英文为Table Tennis，直译过来就是在桌子上打的网球。相关文献记载，19世纪后半叶左右，很多英国大学生根据网球的规则和形式，创造出一种与今天的乒乓球运动非常相近的室内游戏。后来，英格兰人詹姆斯·吉布游访美国时发现一种叫作赛璐珞的材质，利用这种材质做成空心小球弹性非常强。所以他将这种材质的球运用到这项游戏中，代替了橡胶和实心球。1890年前后人们开始使用赛璐珞球，这种材质的球逐步在英国和世界各地获得广泛推广。由于当时普遍使用那种球拍当击到球和球碰台时会发出奇特的“乒乓”声音，所以这项运动就非常形象地被命名为“乒乓球”。最初乒乓球流行于宫廷、贵族之间，后来由于其独特的魅力开始风靡在欧洲的各个角落，最终走向世界。

乒乓球运动的特点主要体现在：器材设备简单；球体轻、球速快；群众基础广泛；娱乐健身性以及竞技对抗性等几个方面。

(二)乒乓球运动的基本技术动作

1. 握拍技术

(1)直拍握法

直拍握法的特点是出手快速,攻球有力,拍面变化不大,对手难以判断。

①直拍快攻型握拍法:拇指第一指节和食指第二指节握拍,使拍柄压住虎口,拇指与食指之间的距离要适当;其他三指自然弯曲,中指第一指节顶住球拍的后上部。

②直拍弧圈球型握拍法:拇指紧贴于拍柄左侧,食指扣住拍柄,形成一个小环状紧握拍柄;其他三指自然伸直,中指第一指节顶住球拍的背面约 1/3 处。

③直拍横打握拍法:拇指斜向轻压拍面,拍柄的左侧紧贴虎口,食指伸直轻按于右侧拍沿上;其他三指伸展开来,中指和无名指指尖抵住板面,夹紧球板固定板型并形成合力。

(2)横拍握法

横拍握拍方法是中指、无名指和小指自然弯曲握住拍柄,虎口贴住拍肩;拇指在球拍的正面轻贴于中指旁,食指自然伸直,斜放于球拍背面。深握时,虎口紧贴球拍。浅握时,虎口轻微贴拍。

2. 准备姿势

(1)下肢:两脚开立,身体位于两脚之间或比肩略宽,但不宜超过肩宽的 1.5 倍,身体重心位于两脚间,稍保持在稍靠前的腿上;两脚的前脚掌内侧着地,脚跟略提起,以便于快速起动。

(2)躯干:上体稍前倾,适度收腹含胸。既不能站得过直,重心过高,也不能挺出腹部,全身松散,以免降低动作的灵活性、影响击球。

(3)上肢:两肩基本同高,保持自然,避免耸肩,未击球时不应刻意地沉肩，下颌稍向后收，两眼注视来球；持拍手臂自然弯曲，置于身体右侧，大臂与躯干的夹角成60°左右，上臂与前臂的夹角接近90°；手腕放松（但不能无力下垂而形成“吊腕”），持拍于腹前偏右侧，离身体约30～35厘米。

3. 基本步法

（1）单步。单步动作简单、移动范围小，常在近网短球、推挡球、侧身攻球以及球落点位于中路稍偏左等时常用。以一脚的前脚掌为轴，另一脚向前、后、左、右不同的方向移动一步。

（2）跨步。跨步动作幅度和移动范围都较大，常用来对付离身体稍远的，力量大的来球。用一只脚蹬地；另一只脚向来球方向侧跨步，并用前脚掌内侧蹬地制动；另一只脚迅速跟上。

（3）并步。并步的移动幅度比单步大、比跳步小，移动时不腾空，便于保持身体重心稳定。一脚先向另一脚并一步或半步，脚落地后向来球方向移动。

4. 发球技术

（1）发平击球

以正手发平击球为例，以左脚在前的近台站位为例，身体稍微右转，重心偏右脚。左手的掌心托球放于体前偏右侧，右手持拍于身体右侧。左手将球向上抛起，同时右臂稍向后引拍；当球开始回落时，持拍手由身体的右后向前挥拍；在球下降接近球网高度时，将拍形稍前倾，击球的中上部。击球后，前臂和手腕应随势向前挥动，身体重心随之移向前面的脚。

（2）发转与不转球

以正手发转与不转球为例：以右手持拍、站位靠近左半台为例，左脚在前，右脚在侧后，抛球的同时持拍手向后上方引拍。要求拍面后仰，手腕适当外展，手臂放松，腰向右转。当球降至球网高度时，持拍手迅速用力向前或向下挥拍，发球后快速还原至准备姿势，以备下一次击球。

(3)发奔球

以正手发奔球为例:以左脚在前的近台站位为例,左手掌心托球放于身体前方稍微偏右侧,身体略向右转,将球抛起后,持拍手向右后方引拍,前臂放松,使球拍顺势下降,当球降至约与球网高度相同时,手臂迅速向左前方挥动,拇指压拍,使拍面略向左偏斜。

5. 接发球技术

(1)接上旋转(奔球)。正反手攻球或推挡回接,适当前倾拍面,击球的中上部,把向前的力量调节好。

(2)接下旋球:用搓球的方法回接。

(3)接左(右)侧上旋球:一般采用推、攻回击为宜。回接时拍面角度稍前倾,加大向前下方的用力。当来球带左侧旋时,可让拍面朝左(来球方向)偏斜,以抵消来球旋转;当来球带右侧旋时,可让拍面朝右偏斜,以抵消来球旋转。

(4)接左(右)侧下旋球:一般采用搓、削回击较为稳健。回接时拍面角度要稍后抑,稍向上用力。拍面所朝方向(来球方向)向左(右)偏斜以抵消来球的左(右)侧旋。如用推、攻网接,除注意拍面角度和所朝方向(来球方向)外,还要加大向上摩擦球的力量。

(5)接下旋长球。用搓球、削球、提拉球回接,搓或削时多向前用力。

6. 攻球技术

下面以反手攻球为例进行说明。

(1)反手快攻:击球者右脚稍前,身体离球台大约 40 厘米。持拍手臂自然弯曲,将球拍移至腹前偏左位置。击球时,向右前上方挥动前臂和手腕,同时与外旋腕动作相互配合,向前倾斜球拍,在来球的上升期击球的中上部。击球后,随势将球拍挥到右肩前位置,并迅速还原成准备姿势以备下次击球。

(2)反手远攻：击球者右脚稍向前，身体与球台距离大于1米。击球前，持拍手的上臂和肘关节尽量与身体靠近，向左下方移动前臂，把球拍移至腹前偏左的位置，使拍形稍微后仰。击球时，手臂由后向前挥动，前臂在上臂带动下向前上方用力，同时配合向外转腕动作，在来球的下降期击球中下部。击球后，大臂随势向前送，肘关节离开身体，将拍挥至头部高度，同时身体重心移至右脚还原成准备姿势以备下次击球。

(3)反手快带：击球者站位近台，两脚几乎平行，上臂尽量靠近身体。击球前，前臂迅速伸入台内迎球，拍面尽量前倾且用手腕固定，要求球拍应略高于来球。击球时，在来球上升期击球的中上部，借助来球的前进力用力还击或根据来球旋转的强弱适当加力。击球动作强调落点变化和长短结合，以争取主动。快带斜线时，球拍触球中左部，前臂由后向前向右下挥摆；快带直线时，触球中部，前臂由后向前向下挥摆并调节用力以控制回球的长短。

(4)反手扣杀：以直握拍者为例，上臂靠近身体，右脚稍前同时前臂做旋外动作，拍形稍垂直。触球瞬间身体重心上提，食指压拍，拇指放松使拍形稍前倾，在球的高点击球的左侧中上部，前臂快速向右前方发力击球。

7. 弧圈球技术

下面以正手弧圈球为例对弧圈球技术进行阐述。

这里主要介绍正手前冲弧圈球。以击球者为直握拍者为例，击球前前臂在腰、髋的带动下向右后方引拍，身体重心移至右脚，比拉加转弧圈球时稍高。当球拍与来球高度相同或稍低于来球时，拍形稍前倾于拉加转弧圈球，手腕屈(横握拍者手腕内收)；击球时，前臂在腰、髋和大臂的带动下在来球的上升后期和高点期，在身体侧前方向左前上方挥拍，以向前为主，略向上发力摩擦击球的中上部。击球瞬间，肘关节约成110°～140°，手腕伸(横握拍者手腕外展)，手指手腕快速摩擦球；击球后手臂随势向左前上方挥动，保证力量充分作用到来球上，并迅速还原以备下次击球。

8. 搓球技术

(1)快搓

正手快搓:击球者肘部自然弯曲,手臂外旋使拍面角度稍后仰,后引动作较小。当来球跳至上升期时,利用上臂前送的力量,与手腕配合发力,触球的中下部并向前下方用力摩擦球。

反手快搓:与正手快搓基本相同、方向相反。

(2)慢搓

正手慢搓:击球者左脚稍前、身体稍向右转。前手臂向右上方引拍,前臂带动手腕向左前下方用力,在来下降后期击球的中下部。直拍者反手搓要以食指和中指用力为主,同时拇指配合发力;横拍者则应将拇指和食指的协调发力充分结合起来。

反手慢搓:与正手慢搓相同、方向相反。

(3)摆短

摆短在实战比赛中的运用非常普遍。质量较高的摆短可以有效控制对方的上手进攻,其中以摆短至对方左右两边的"小三角"位置为最佳。另外,从战术的角度上讲,如果对方的步法和处理台内球的技术有缺陷,将球摆短可以调动对方到台前,迫使对方回球质量降低。

正手搓球摆短:击球者右脚前移,靠近球台,球拍向右侧后方引,拍面稍后仰,在来球的上升期击球的中下部,前臂向前下方挥动,同时手腕适当配合发力。击球后,随挥动作应稍小,并迅速还原至准备姿势。

反手搓球摆短:击球者身体前移,靠近球台,球拍略向左后引至腹前,拍面稍后仰,在来球的上升期击球的中下部,前臂向前下方挥动,同时手腕适当配合外展发力。击球后,随挥动作应稍小,并迅速还原至准备姿势。

9. 削球技术

(1)正手削球

正手削球时练习者应两脚开立,左脚稍前,两膝弯曲,身体略向右转,手臂向右后上方移动,重心落在右脚。击球前,手臂自然弯曲,引拍至右肩侧,使拍面后仰;击球时,前臂由持拍手上臂带动从右上到左前下方加速切削,同时用力向下转动手腕,在右侧离身体 40 厘米处,在来球下降期摩擦球的中下部;击球后,手臂顺势挥至右侧下,迅速还原成准备姿势。

(2)反手削球

近削:击球前,前臂上提,球拍稍竖;击球时,以前臂发力为主,手腕配合向前下方压球,在来球高点期或下降前期摩擦球的中部或中下部;击球后无前送动作。

远削:击球前,前臂上提,增大用力距离,引拍时动作适当加快;击球时,上臂带动前臂发力,球拍由上向前下方挥动,在来球下降后期摩擦球的中下部。

10. 挡球和推挡球

(1)挡球

以右手为例。两脚要平行或左脚稍前,身体离球台大约 50 厘米。击球之前,前臂与台面应平行伸向来球。拍触球时,前臂和手腕要稍向前移动,主要是借助对方来球的反弹力把球挡回。在上升期,击球的中部,拍形与台面接近垂直。击球之后,快速收回球拍,快速还原成击球前的准备姿势。

(2)快挡

正手快挡。准备击球时,前臂要稍向右移动。如果要挡直线,当球从台面弹起时,前臂要快速向前迎球,手腕应略向外展,拍稍微竖起,让拍面对着对方左角,在上升期击球中上部,拍形要稍前倾。如果挡斜线,手腕稍向内转,让拍形对着对方右角,触球的中上部。

反手快挡。球拍要置于身前,前臂要自然弯曲。准备击球时,拍稍要向后移。如果挡直线,当球从台面弹起时,前臂要向前迎球,拍形应稍前倾,让拍面对着对方右角,在上升期击球中上部。如挡斜线,手腕在触球瞬间稍向外转动,让拍面对着对方左角，在触球的左侧上部。

(3)加力推

站位在球台中间或偏左，身体离台约 50 厘米。两脚平站或右脚稍前，两膝微屈，收腹含胸，身体向前或略向左转；右上臂和肘关节靠近身体右侧，前臂外旋并向上提起，引拍至身前或偏左，与球网同高或略高，拍面稍前倾。来球飞越球网时，上臂、前臂和手腕向前，挥拍迎球，同时，腰、髋向左转动，在来球的上升后期或高点期，以前倾的拍形推击球的中上部。球拍击球瞬间，上臂、前臂和手腕向前上方发力推压，腰、髋亦协助用力。击球后，手和臂顺势向前下方挥动，并迅速还原成准备姿势。动作过程中，身体重心从左脚移到右脚上。

(4)推下旋

左脚稍前，身体离台约 40 厘米，重心偏高，上臂后引，前臂上提，拍形稍后仰。在高点期或下降前期击球的中下部，前臂向前下方推切以增大球的下旋。击球后，手臂和手腕继续向前下方随势挥动，但距离不宜太长，并迅速还原成准备姿势。

第四节　健美操

一、健美操概述

现代健美操的形成与发展离不开多种体操流派观点的影响，即对人身体的健康和优美表示关注，对自然的全身动作引起重视，对动作节奏的流畅性加以注重，通过这些运动文化的不断发展与演变，形成统一的运动文化，最终形成现代健美操运动。20 世纪 30 年代，我国健美操运动就已被介绍并开始了广泛的开展。健美操在我国真正兴起的时间应该是 20 世纪 70 年代末到 80 年代初。经过几十年的改革与发展，我国现代健美操运动已经建立了各种健美操管理组织，也有了统一的竞赛规则，各种制度逐步得得完善，这标志着我国竞技健美操运动步入到正规化的管理和发展阶段。

健美操属于有氧健身运动的一种，是在有充足氧气的前提条件下，通过一些动作来提供能量给人体有氧系统的运动方式。健美操属于全身性运动，它需要持续一段时间才能完成整个动作，运动强度属于中低强度，健美操运动有利于训练运动员的有氧耐力，促进运动员心肺功能的协调发展。健美操运动通常安全度是比较高的，表现出安全性的特点。

二、健美操基本动作

本节主要以健身健美操为例来阐述健美操这一锻炼体质的方法与手段，下面着重分析健身健美的基本动作。

（一）上肢动作

上肢动作锻炼主要包括两个方面的内容，即基本手型和常用上肢动作。通过上肢动作的锻炼，不仅能够进一步增强动作变化的多样性，同时，也能使动作的强度和难度发生一定的变化，从而使观赏价值有所提升。

1. 基本手型

健身是健身健美操锻炼的重点，因此，对手型没有非常高的要求，而且要求将注意力放在锻炼大肌肉群上。

（1）并掌：五指并拢伸直，指关节不能弯曲。

（2）开掌：五指用力分开伸直。

（3）立掌：手掌用力上屈，五指指关节自然弯曲。

（4）花掌：在分掌的基础上，从小指依次内旋，形成一个扇面。

（5）一指：拇指与中指、无名指、小指相叠，食指伸直。

（6）剑指：拇指与无名指、小指相叠，中指与食指并拢伸直。

(7)响指:无名指、小指屈,拇指与中指用力摩擦打响。

(8)拳:四长指握拳,拇指第一关节扣在食指与中指的第二关节处。

(9)舞蹈手型:引用拉丁、西班牙、芭蕾等手型。

2. 手臂动作

手臂动作是非常多样的,正确的手臂姿态能够将整个身体姿态的完善及动作的艺术风格充分展现出来,因此,有着非常重要的作用。

一般来说,手臂的动作主要有:屈伸、举、摆、绕、振、绕环等。

(1)臂的屈伸

臂部的肌肉收缩,使关节产生屈和伸的活动过程,就是臂的屈伸。动作形式有手臂的屈伸、手腕的屈伸、肘关节的屈伸(包括单或双臂的向上、下、左、右、前、后以及中间各方向的屈伸)。

(2)屈臂

肘关节产生了一定的弯曲角度,这就是屈臂。动作形式有臂的肩侧屈、胸前屈、背后屈、腰间屈、头上屈等动作形式。

(3)摆臂

摆臂指以肩关节为轴手臂来完成摆动动作,起与落要保持弧形。动作形式有向前、向后或向左、向右的摆臂等动作形式。

(4)振臂

振臂指以肩关节为轴做臂的加速度摆至最大幅度。动作形式有臂的上举后振、臂的下举后振、臂向上或向下的后振、臂侧举后振。

(5)举臂

以肩关节为轴,臂的活动范围不超过180°而停止在某一部位的动作,就是举臂。动作形式有双臂和单臂的向前、后、左、右、侧的举,以及不同空间方向的举等动作形式。

(6)绕

绕指双臂或单臂向内、外、前、后做180°以上、360°以下弧形运动。动作形式有单臂向内、外绕,双臂向内、外绕。

(7)绕环

绕环指以肩关节为轴,双臂或单臂向前、后、内、外的绕环动作。动作形式有单臂前后绕环、双臂前后绕环。

(8)旋臂

旋臂指以肩或肘为轴做臂的旋内或旋外动作。动作形式有臂的旋内或旋外。

(二)躯干动作

在健身健美操运动中,躯干部位也有着非常重要的作用,主要表现为稳定身体,因此,要重点对肌肉力量的平衡进行训练。下面就根据不同的部位的动作锻炼进行分析和阐述。

1. 头颈部动作

头颈部是人体最重要的组成部分,使头颈部动作的训练进一步加强,能够起到收紧肌肉,减少脂肪的堆积,增强颈椎间韧带的弹性,提高头颈的灵活性,促进脑部的血液循环,并可预防颈部骨质增生疾病的发生等重要作用。

头部动作的方向主要是前、后、左、右四个方向。基本动作包括屈、转、绕、绕环。在进行头颈部基本动作训练时,为了保证锻炼效果,需要注意:动作应缓慢,颈部肌肉充分伸展,身体保持正直姿势。头颈部动作锻炼的方法主要有以下几种。

(1)头颈左右屈

两脚自然分开与肩同宽,两手叉腰,挺胸、收腹、立腰成预备姿势。需要注意的是,要一拍一动,上体直立,不得左、右移动。

第一个8拍:1～2拍头向左侧屈(2次),耳朵尽量触肩,肩保持放松。3～4拍头向右侧屈(2次),耳朵尽量触肩,肩保持放松。5～6拍同1～2拍。7～8拍同3～4拍。第二、三、四个8拍同第一个8拍。

(2)头颈前后屈

两脚自然分开与肩同宽,两手叉腰,挺胸、收腹成预备姿势。

需要注意的是，要随音乐节奏或动作口令进行训练。上体直立，动作缓慢。

第一个8拍：1～2拍头前屈：下颌回收，低头下看，前屈2次。3～4拍头后屈：下颌朝上，头后仰。后屈2次。5～6拍同1～2拍。7～8拍同3～4拍。第二、三、四个8拍同第一个8拍。

(3)头颈转

两脚自然分开与肩同宽，两手叉腰，挺胸、收腹，成预备姿势，头沿垂直轴向左(右)转90°。需要注意的是，头转动要慢，并有控制，并且不能太快、突然用力。

第一个8拍：1～2拍头向左转，目视左方。3～4拍同1～2拍，动作相同，方向相反。5～8拍同1～4拍。第二、三、四个8拍同第一个8拍。

(4)头颈训练

两脚自然分开与肩同宽，挺胸、收腹，两臂自然下垂于体侧成预备姿势。在锻炼时，动作幅度要大。进行以上动作锻炼时，需要注意的是，头部放松，充分伸展，速度均匀缓慢，要有一定的控制感。

第一个8拍：1～2拍下唇盖住上唇，下颌稍抬，颈前“伸”，挺胸，稍停。3～4拍双唇紧闭，颈后“伸”，含胸。5～8拍同1～4拍。第二、三、四个8拍同第一个8拍。

(5)负重法

负重法往往采用的是用手施加外力的锻炼方法。两腿开立，头左侧屈，左手扶在头右侧轻轻施加外力，控制3～5秒，然后左手放松，头慢慢还原。另外，通过左右两侧可交替进行训练，还能够起到有效拉伸颈侧肌肉和放松的目的。

2. 胸部动作

胸部动作练习的方法主要有以下几种。

(1)含展胸。直臂或屈臂做内收动作，通常与臂的外展结合进行。

(2)左右移胸。两臂侧平举,胸部左右水平移动。

(3)仰卧胸部。跪撑在垫上,背伸弓腰、低头成预备姿势。为了保证训练效果,需要注意:匀速进行,幅度要大。

第一个8拍:1~4拍屈肘,背屈塌腰,胸和下颌几乎贴近垫子。向前移动,至伸直手臂。5~6拍抬头挺胸。7~8拍两腿伸直成俯卧。第二、三、四个8拍同第一个8拍。

(4)跪立挺胸。跪坐,上体前屈,两臂前身扶地成预备姿势。为了保证训练效果,需要注意:匀速进行,幅度要大。

第一个8拍:1~4拍两臂经前举、上举,同时臀部离开脚跟。5~8拍上体抬起挺胸后仰,至手掌尽量触地。第二、三、四个八拍同第一个八拍。

3. 肩部动作

肩部动作的练习方法主要有以下几种。

(1)提肩。肩胛骨做向上的运动。

(2)沉肩。肩胛骨做向下的运动。

(3)绕肩。以肩关节为轴做小于360°的运动。

(4)肩绕环。以肩关节为轴做360°的圆形运动。

4. 背部动作

背部肌肉主要有背阔肌、斜方肌、菱形肌和大圆小圆肌,当其收缩时,可使肩关节外展、下沉。背部动作的练习方法主要有以下两种。

(1)外展。屈臂或直臂做外展动作,通常与臂的内收结合进行。

(2)上举下拉。两臂由侧上举下拉至髋侧。

5. 髋部动作

健身健美操髋部动作的练习方法主要有以下几种。

(1)提髋

两脚自然分开与肩同宽,两臂自然下垂。

第一个 8 拍:1～2 拍左髋向前侧上提,同时向左前方迈一步,左臂经前向上绕环一周,基本手型,掌心向外。3～4 拍同 1～2 拍动作相同,方向相反。5 拍两腿成马步,双手叉腰,同时向前上提髋。6 拍手臂及腿不动,向后上提髋。7～8 拍同 5～6 拍的动作。第二、三、四个 8 拍同第一个 8 拍。

(2)顶髋

一侧腿支撑并伸直,另一侧腿屈膝内扣,上体保持正直,用力将髋部顶出。在锻炼过程中需要注意的是:两脚自然分开与肩同宽,两臂自然下垂;动作要求幅度大。

第一个 8 拍:1～2 拍向左顶髋,同时左臂侧举,撑掌,掌心向前。3～4 拍同 1～2 拍动作相同,方向相反。5 拍向左顶髋,同时两臂向内绕至体前交叉,右臂在前,掌心向内。6 拍向右顶髋,同时两臂绕至侧上举,掌心向外。7 拍向左顶髋,两臂继续向下绕。8 拍两臂绕至体侧,掌心相对,右腿收回并于左腿。第二、三、四个 8 拍同第一个 8 拍。

(3)摆髋

两腿微屈并拢,髋部向左、右摆动,有一定的腰部动作的配合。直立,两臂自然下垂。

第一个 8 拍:1～2 拍两腿自然弯曲左转,同时髋向前转,左臂侧举上屈、托掌,右臂侧下举自然弯曲,掌心向后。3～4 拍同 1～2 拍的动作,方向相反。5 拍同 1～2 拍的动作,但左臂侧上举屈肘托掌。6 拍同 5 拍的动作,方向相反。7～8 拍同 5～6 拍的动作。第二、三、四个 8 拍同第一个 8 拍。

(4)绕髋和髋绕环

两脚自然分开与肩同宽,两臂侧举。

第一个 8 拍:1～4 拍两臂上举相握,同时髋步从左向后绕环一周。

5～8 拍同 1～4 拍的动作,但方向相反。在做动作时要求幅度大而有力。一般建议初学者最好两腿微屈进行训练。效果较好。第二、三、四个 8 拍同第一个 8 拍。

(三)基本步伐

健身健美操的基本步伐可以大致分为三种,即无冲击健美操步伐、低冲击健美操步伐以及高冲击健美操步伐。

1. 无冲击健美操步伐

无冲击健美操步伐的训练方法主要有以下两种。

(1)弓步

两腿前后站立,脚尖向前,一腿屈膝,另一腿伸直。弓步训练一般用于力量训练多些,半蹲训练用于有氧操多些。在训练时,注意身体重心在两腿之间,膝踝关节在一条线上。可采用不同的方向、跳跃、转体等方式进行训练。

(2)半蹲

两腿左右分开稍大于肩(或与肩同宽),脚尖稍外开,两腿同时屈膝和伸直,注意屈膝不得超过90°。屈膝时,膝关节与脚尖的方向一致,臀部向后,膝关节不应超过脚尖。可进行并腿半蹲、迈步转体半蹲的训练。

2. 低冲击健美操步伐

(1)踏步类动作

踏步类动作是两脚交替落地的动作。首先踏步动作是单拍完成的动作,两脚在原地交替抬起和落地。完成时,要求前脚先落地,过渡至全脚,从踝关节、膝关节、髋关节依次缓冲,保持腰腹肌肉收紧。下面就对比较常用的踏步类动作训练方法进行说明。

①“一”字步

4拍完成的动作。两脚依次向前迈一步,并拢,再依次退一步,还原。在训练过程中,需要注意的是:在每次落地下肢关节时,要依次顺势缓冲。

②三步点地

4拍复合动作。以右脚为例,右脚起向前或向后走三步,左脚点地;然后可接反方向。在训练过程中,需要注意的是:自然走步完成此动作,4 拍时可跳起,可屈肘摆臂或做其他动作。

(2)迈步类动作

迈步类是指一脚先迈出一步,同时移重心,另一腿做点、抬、并等动作。

①并步

2 拍完成的动作。以右脚为例,右脚向右侧先迈出一步,左脚前脚掌并与右脚,稍屈膝下蹲;然后接反方向。在训练过程中,需要注意的是:落地时膝部应顺势向下屈膝缓冲,动作过程保持腰腹的稳定。

②滑步

2 拍完成的动作。以右脚为例,右脚右侧迈一大步屈膝站立,左脚侧点地滑行至右脚,上体稍侧屈。在训练过程中,需要注意的是:此动作为舞蹈动作,故身体控制及姿态要求较高。保持重心在支撑腿上,上体侧屈并先行引领四肢动作。

(3)抬起类动作

抬起类动作是指一腿支撑地面,另一腿以直腿或屈腿形式向上抬起。

①吸腿

2 拍完成的动作。一腿支撑地面,另一腿屈膝向上抬起,还原。在训练过程中,需要注意的是:要保持支撑腿的弹性缓冲及身体稳定,可吸腿跳起。

②踢腿

2 拍完成的动作。一腿支撑地面,另一腿向前或向侧弹踢,还原。在训练过程中,需要注意的是:要保持支撑腿及身体稳定,弹踢时关节不要强直。

③摆腿

2 拍完成的动作。一腿支撑地面,另一腿向前或向侧摆腿,还原。在训练过程中,需要注意的是:要保持支撑腿及身体稳定,动力腿应根据个人情况调整踢腿高度。一般来说,在健身健美操中踢腿超过水平的情况是不建议的。

3. 高冲击健美操步伐

(1)迈步跳起

迈步跳起类要求一腿迈出,重心移动,跳起单脚或双脚落地。低冲击动作都可以高冲击形式完成,下面就对一些典型的和例外动作进行详细的说明。

①上步吸腿跳

右脚迈一步同时蹬地起跳,另一腿吸起,单脚落地。在训练过程中,需要注意的是:要单脚起跳,单脚落地,落地经屈膝缓冲,空中保持身体肌肉适度紧张。

②并步跳

以右脚为例,右脚迈一步同时蹬地起跳,左脚并与右脚,两脚同时落地。在训练过程中,需要注意的是:单脚起跳,双脚落地,空中保持身体肌肉适度紧张,落地经屈膝缓冲。

(2)单腿起跳

单腿起跳类动作过程中先抬、屈、摆起一条腿,另一腿跳起的动作。

①踏步

一脚向前或向侧迈步蹬地跳起,另一腿侧举或后举。在训练过程中,需要注意的是:单腿起跳,单腿落地,落地经屈膝缓冲,空中保持身体姿态。

②小马跳

右脚跳起,左脚蹬离地面跳起向侧跳一小步,右、左脚依次落地并交换腿小跳,至右脚站立、左脚前脚掌点地。在训练过程中,需要注意的是:单脚起跳,依次落地。

(3)双腿起跳

①弓步跳

两腿并拢起跳落成一腿在前一腿在后的弓步或半侧面的弓步。在训练过程中,需要注意的是:双脚起跳,双脚落地,落地时成弓步,重心稍偏前,缓冲主要靠前腿的膝、踝和后腿的踝关节完成,保持身体稳定及肌肉适度紧张。

②并腿纵跳

两腿并拢,两腿稍屈曲起跳,腾空时,两腿伸直,两脚同时下落。在训练过程中,需要注意的是:在完成时,双脚起跳,双脚落地,落地经屈膝缓冲,空中保持身体肌肉适度紧张。

第七章　不同大学生群体的健身方法指导

随着时代的发展,大学生群体的分化也越来越明显。大多数大学生自身都存在着不同的情况。因此,本章将就不同大学生群体健身方法进行有针对性的指导。

第一节　减肥塑身群体的科学健身方法

随着我国经济的发展,人民生活水平的提高,人们的饮食结构也发生了巨大的变化。肥胖现象已经越来越多地出现在大学生人群当中。本节将针对减肥塑身群体的科学健身方法进行探讨。

一、肥胖的危害、原因及标准

(一)肥胖的定义、趋势、危害、原因及其影响因素

1. 定义

世界卫生组织对肥胖的定义:脂肪在体内过多积累,达到引起健康损害程度而形成的一种慢性非传染性疾病。

2. 趋势

全世界 60 亿人口中,有 14 亿人口体重超重,而这 14 亿人当

中的将近 20%在中国，统计显示，目前中国肥胖者逼近 1 亿人，超重者高达 2 亿多人，未来 10 年中国肥胖人群很有可能会突破 2 亿大关。考虑到肥胖所带来的种种危害，世界卫生组织已经把肥胖列为流行性疾病的一种。

3. 危害

肥胖非常容易引起非胰岛素依赖性糖尿病、心肌梗死、脂肪肝、冠心病、高血压、中风、胆囊疾病、胆肾结石、呼吸功能不全、骨关节炎、痛风、胰腺炎、儿童疾病、皮肤疾病、增加外科手术的危险性、反应缓慢、运动能力下降、乳腺癌、月经异常、卵巢机能不全和子宫发育不全、不孕症、子宫内膜癌等一系列身体上的疾病。除了对人的生理有威胁，还会造成人的一些社会心理问题和其他病症，特别是腹部和内脏脂肪含量过多时时刻刻威胁着人们的健康。英国科学家研究表明，过度肥胖人的平均寿命比健康人要短 13 年之多。

4. 原因及其影响因素

导致人体肥胖的原因众多，大致有下列说法：(1)遗传和内分泌代谢异常，体重调节机制紊乱；(2)脂肪摄入过量；(3)精神紊乱及体内生物化学因素影响所致；(4)吃得好，运动少，贪睡形成；(5)饮食方法错误，进食速度过快，咀嚼次数太少；(6)脊背褐色脂肪细胞机能衰退；(7)血液中缺少三磷酸腺苷酶；(8)高胆固醇摄入；(9)食糖过多，没有用完的原糖由肝合成为中性脂肪储存体内久而久之形成肥胖等。

从营养学角度看，肥胖是营养过剩的表现，是由于能量的供给大于能量的消耗，作为机体燃料的脂肪在体内过剩而贮存起来的一种状态。

从医学角度看，肥胖是指脂肪细胞数量增加和脂肪细胞中脂肪储存过剩，身体脂肪过度增多，体重超过正常值的 20%以上，并对健康造成了严重危害的一种超体重状态。

(二)肥胖的判定标准

对肥胖进行判定可以通过很多方法来进行,可从原子、分子、细胞、组织系统和整体等不同水平和层面测试。常用方法有如下几种。

1. 根根体重指数(BMI)判定

体重指数也称身体质量指数(Body Mass Index,简称 BMI)。

国际肥胖特别工作组(IOTF)提出成人界值点为,BMI≥25 千克/米^2 为超重,BMI≥30 千克/米^2 为肥胖。而我国肥胖问题工作组(WGOC)根据对 20 余万人体测量的 8 万份血液样本分析后提出我国成人界值点为,BMI≥24 千克/米^2 为超重,BMI≥28 千克/米^2 为肥胖。

2. 根据标准体重判定

标准体重测量法原为法国人类学家勃劳克提出的勃劳克指数法,具体公式如下。

标准体重(千克)=身高(厘米)-100,并由此衍生而来。

按这一公式,我国健身健美专家提出成人的标准体重可用如下公式判定。

(1)成年男子标准体重(千克)。

标准体重(千克)=身高(厘米)-100(适用 165 厘米及以下人群)

标准体重(千克)=身高(厘米)-105(适用 166～175 厘米之间人群)

标准体重(千克)=身高(厘米)-110(适用 176 厘米以上人群)

(2)成年女子标准体重在成年男子标准体重相应组别基础上减去 2.5 千克。

3. 根据腰臀比(WHR)判定

腰臀比(WHR)＝腰围/臀围。国际最新研究提出：男性腰围与臀围比值最高限度为 0.85～0.90，女性为 0.75～0.80。通常腰臀比值小于 0.9(男)或 0.8(女)为好，大于这个比值为肥胖。

我国科学家根据我国的具体情况确定了我国成年男女正常的腰围标准，男性正常腰围在 85 厘米(约合 2.6 尺)以内，女性正常腰围在 80 厘米(约合 2.4 尺)以内，超过这一标准即为肥胖。

4. 根据理想体重判定

理想体重是指在体质调查材料中统计得出的死亡率最低的体重数值。它约为脂肪占机体重量的 13%～15%左右。理想体重来源于医学，较为严谨，我国的计算方法如下。

北方人理想体重(千克)＝[身高(厘米)－150]×0.6＋50

南方人理想体重(千克)＝[身高(厘米)－150]×0.6＋48

5. 根据体脂率判定

由于体内骨骼、肌肉等瘦组织密度高(1.2～3.0 克/毫升)，脂肪组织的密度低(0.9 克/毫升)，两种组织的含量不同，身体密度不同。根据人体密度的高低，即可判断身体脂肪的含量。常用以下公式来计算体脂率：脂肪%＝[4.570/身体密度－4.142]×100。

身体脂肪含量用体脂百分比最可靠。正常成年人理想身体成分的平均体脂含量如表 7-1 所示。身体脂肪过少，指储存脂肪低于必需脂肪的限度，身体脂肪过多，则发生肥胖。

表 7-1　身体脂肪含量的判断标准

判断标准＼性别	男性	女性
正常	14%～16%	20%～22%
脂肪含量过少	3%～5%	10%～12%
肥胖	20%～25%	25%～30%

通常，30 岁以下的成年人的体脂含量占体重的百分比，男子约为 10％，女子约为 25％。若男子超过 15％，女子超过 30％即为肥胖。

(1)身体脂肪含量的最低限度

体内脂肪包括必需脂肪和身体中储存的脂肪，它存在于所有的细胞当中，大多数神经的外部也含有脂类，并与某些特定的组织功能有关。男子身体中必需脂肪约占体重的 3％，女子约占体重的 12％，这也是男性和女性身体脂肪含量的最低限度。人体一般每天至少应摄取 40～50 克脂肪才能维持健康。女性的脂肪含量较高能保证青春期乳房和腰部等部位脂肪的正常堆积和雌激素的产生。其实体内适量的脂肪是必不可少的，它是人体内重要的能源之一，对帮助脂溶性维生素(A、D、E、K)的溶解吸收，对肌体的热垫、保护垫作用，增加肌肤健美，保持青春，丰满曲线及繁衍后代都有着重要的生理功能。

(2)人体脂肪的理想推荐值

为了保证良好的健康状况，体内脂肪的含量不应太高或太低。对于男子推荐的脂肪值应在 10％～20％之间，女子应在 15％～25％之间。需要注意的是体脂通常在一年内有所变化，随不同季节和假期的变化、体力活动和饮食量有所不同，而体脂也随之不同。

(3)人体的脂肪细胞数

正常人体脂肪细胞的数量约有 300 亿到 350 亿个，当脂肪细胞的数量和体积增多后就形成了肥胖。随着体重的增加，首先脂肪细胞的体积增大，然后数量开始增多。

(4)人体的三大脂肪库

肥胖是体内脂肪，尤其是三酰甘油积聚过多而导致的一种状态。人体的脂肪主要储存在三大脂肪库。

皮下组织：皮下组织里含有适量脂肪，才不会使人显得皮包骨头，且有丰腴之美。

内脏周围：像肾脏及肠系膜周围含有适量脂肪，可以支撑、固定内脏,起保持稳定作用。

肚子里大网膜上:人体肥胖到一定程度后,变得大腹便便,这正是大网膜贮油过多的表现。

二、减肥塑身群体的科学健身方法

(一)运动减脂的益处

(1)增加热能消耗量。

(2)影响安静代谢率及生热作用。

(3)使能量消耗和能量摄入准确适应,利于保持脂肪平衡。

(4)改善心血管、呼吸、消化系统功能,保持瘦体重,防止减体脂后的体重反弹。

(5)改善肥胖内分泌失调。

(6)防止或减轻肥胖。

(二)减肥塑身群体健身的方法

1. 减肥塑身运动的形式、内容和方式

用于降低体重的运动应以中等强度(体质差者适当降低强度)、较长时间、动力性、全身性的有氧运动为主,辅之以力量训练和柔韧训练(运动形式);大肌肉群参与,如走、跑、游泳、骑车、有氧舞蹈和健身操等(内容)。走、跑虽方便易行,但耗时枯燥及下肢负担重;坐位或卧位骑车(采用功量计),下肢不着地,膝关节负担轻,且可调节运动量;并在室内进行,但需设备,但有坐久或卧久后体位不适,还有固定体位运动的热传导差及枯燥等问题;有氧舞蹈及健身操是一种良好的运动,既是全身性活动,又可提高健身者兴趣,易于坚持,但可能需要经费投入(方式)。

除此之外,身体状况好的练习者还可选择跳绳,每天在进行其他运动的同时跳绳 10 分钟,其效果相当于 500 米健身跑的功

效。游泳对减肥也有效果，每周 3～4 次，每次不少于 20 分钟；还有各种球类，游戏和气功等也可能达到减肥的目的。

减肥运动中为什么要进行肌肉力量训练呢，一是修塑健美的形体，完美的身体曲线除力量训练外，别无他法；二是增加和保持瘦体重，在节食减去的体重中，肌肉组织占 35％～45％，有研究报告，即使是温和的节食减肥也会减少瘦体重的 25％；三是肌肉含量增加可提高人安静状态下的代谢率，如果通过力量训练增加了 1 千克肌肉，在不运动时也会每天多消耗 100～200 千卡的热量，这其中也包括脂肪的消耗。这正是在现代减肥运动处方中，常常首先安排力量练习的缘故。

2. 减肥塑身运动的时间和频率

每次运动持续 30～60 分钟（每次活动能量消耗为 300 千卡左右），每周至少运动 3 次；也可早晚各锻炼一次，减肥者每天坚持运动则效果最佳。建议减肥者每次持续运动时间最好不要少于 40 分钟（水平较高者可达 90 分钟左右），因为运动中脂肪代谢的特点是动员（分解）较慢，常在运动 2～4 小时后，即便是训练水平高的人，在持续运动 20～40 分钟后才可能动用游离的脂肪酸提供热能。美国运动医学研究显示，有氧运动前 15 分钟，由肌糖原供能为主，脂肪供能在运动 15～20 分钟后才开始，运动 20 分钟内基本不减脂肪。运动 30～60 分钟时由糖原和脂肪同时供能，脂肪供能达 40％～70％。运动 60～90 分钟时，消耗的能量大部分由脂肪提供，脂肪供能所占比例可达 90％以上。因此，减肥者每次持续运动时间不可少于 20 分钟，但为了保证身体健康最好也别超过 120 分钟。

减肥运动最佳锻炼时间最好选择在以下三个时段内。

（1）每天下午 4 点至晚上 9 点，即 16～21 时运动为宜，19～20 时最佳。因为晚餐后即 19～20 时锻炼，可以消耗晚饭摄取的能量，防止吃饱后睡觉时能量的堆积，同时消耗掉一天多余的热量。

(2)晚餐前2小时,即每天的16～18时锻炼最佳。有人通过人体实验比较了每天的16～18时与19～20时这两个时间段的减肥效果,证实晚饭前跑步与晚饭后跑步都有减肥效果,但晚饭前跑步的减肥效果明显好于晚饭后跑步的减肥效果,前者在60天内体重指数比后者多下降了2.66。其机制主要有以下三种。①晚饭前运动时,会动员脂肪供能,降低了运动对含脂类、糖类食物的食欲,使人们较容易减少能量质的摄入;②晚饭前跑步,由于运动负荷的增加,不但提高了身体机能,也有利于睡眠的改善和脂肪的代谢;③由于晚饭时间相对延后,使睡眠前的饥饿期相应延迟到睡眠期内,不仅避免了饥饿感的痛苦,还再次动员了脂肪供能。

(3)早饭前锻炼也是合适的时段。因为早饭前锻炼,其消耗的热量约2/3来源于脂肪,这是因为人在经历了一夜的睡眠后,早上起床后是空腹,体内储存的糖原已被消耗殆尽,运动时无"原料"供应,只有靠分解脂肪供能。所以锻炼效果较好。但注意起床时先喝上一杯温开水和吃少量食品。因为,长期在早晨进行空腹锻炼可能出现一些问题,一是空腹跑步时胃里没有吸收一定的糖分,会因跑步而产生脂肪酸,使胃液分泌旺盛,甚至可能导致胃痛和十二指肠溃疡;二是空腹跑步不仅会增加心脏和肝脏负担,而且极易引发心律不齐,导致猝死,尤其50岁以上的中老年人,由于利用机体内游离脂肪酸的能力比年轻人低得多,因此发生意外的可能性更大。三是可能导致结石病和低血糖。故建议早晨锻炼不可起得太早,早餐时间也不宜晚于8∶30。

总之,晚饭或早饭前跑步可使减肥进入良性循环状态,既可以增加运动量,又减少了能量物质的摄入,所以减肥效果更好。

3. 减肥塑身运动的强度及监控

运动强度是健身方法掌控当中最重要因素之一。一般用运动中的心率反映运动的强度,准确测量10秒钟的脉搏乘以6即代表运动中的每分钟心率。在有氧运动中,减肥运动的强度应为最大吸氧量（VO_2max）的 50%～70% 或最大靶心率的 60%～70%(青少年人可达 75%)。在此负荷强度范围内运动，脂肪氧化的绝对速率处于理想状态即此时脂肪燃烧最快。

相关实验证明能强身健体的合理运动负荷是本人最大运动心率值的 65%～85%之间(减肥者为最大心率的 60%～70%)。研究认为，心率稍低对机体影响较小；心率过高则易产生疲劳与运动伤病。因此，最佳心率范围也可参照如下指标。

男 21—30 岁(女 18—25 岁)：150～160 次/分钟。

男 31—40 岁(女 26—35 岁)：140～150 次/分钟。

男 41—50 岁(女 36—45 岁)：130～140 次/分钟。

男 51—60 岁(女 46—55 岁)：120～130 次/分钟。

男 61 岁以上(女 55 岁以上)：100～120 次/分钟。

研究还证明，持续运动 30～60 分钟，用最大靶心率的 50%的负荷强度锻炼，每分钟可燃烧 7 千卡热量，且 90%的热量来自脂肪；而用最大靶心率的 75%的负荷强度锻炼，每分钟可燃烧 14 千卡热量，约 60%的热量来自脂肪。可见低强度长时间的有氧运动更有利于减肥。

第二节　强身健体群体的科学健身方法

一、有氧健身与无氧健身练习的不同作用

(一)有氧健身锻炼的作用

(1)有氧运动可以有效地改善心血管系统、呼吸系统功能，提高人体的最大摄氧能力。主要表现为：①降低心率；②增强心肌力量；③能增加开放的血管的数量并增大其口径，从而增加血流量，并充分地把氧送到每个组织；④能提高最大耗氧量，增强整个

身体特别是心肺、血管等功能，提高抗病力。

(2)改善脂肪代谢，燃烧多余脂肪：①有氧运动可以消耗身体脂肪，有效防止过多的脂肪在体内过多地储存；②预防动脉粥样硬化。

(3)增强肌肉耐力(红肌纤维为主)及体力。

(4)减肥塑身。采用60%～75%最大心率(或50%～70%最大摄氧量时，脂肪氧化的绝对速率处于理想状态，也就是说这时脂肪燃烧最快)持续时间超过40分钟，就可使脂肪代谢的速度增加。当持续时间达120分钟以上时，脂肪供能成为主要方式，可达50%～70%之多。此时，脂肪细胞释放出大量游离脂肪酸，脂肪细胞的体积随之变小。同时，体内多余的血糖也被消耗殆尽而不再转化为脂肪。

(5)预防和治疗糖尿病(同力量训练)。经常运动的人发生糖尿病的危险小20%。

(6)预防和治疗高血压。有氧运动能使肌肉和血管的张力改善，使软弱无力的肌肉和血管变得坚韧，可以消除紧张消极情绪，缓解紧张状态，同时减少脂肪沉积，延缓血管硬化，从而有效地降低血压。

(7)提高骨密度，保持或增加瘦体重(LBM)。

(8)增加胰岛素的敏感性，改善内分泌系统的调节机能。

(9)有氧健身能健脑，并延缓老年人认知功能的下降。

美国哥伦比亚大学神经学家斯莫尔在经过近10年动物研究的基础上，第一次把这个原理运用到人身上：连续锻炼3个月之后，所有参加实验的人都有了新的神经细胞。美国伊利诺伊州立大学神经学家查尔斯·希尔曼认为，肌肉与大脑之间存在着某种关系。

(二)无氧健身锻炼的作用

(1)延缓衰老，有研究证明，长期力量训练者比实际生理年龄年轻5—7岁。此外，不经常参加锻炼的人在20—25岁达到最大肌肉力量，以后每10年将会损失10%左右的肌肉重量和肌肉力量。60岁后，力量损失加速。经常参加锻炼的人可以把最佳状态保持到60岁以上。

(2)美化体形体态(发达肌肉，改变体形)。

(3)增加骨密度，减少骨质疏松，关节病以及其他相关疾病。

(4)消耗更多热量，防止肥胖，改善脂肪代谢。

即使在不运动的状态下，每千克肌肉每天都要消耗75～110千卡的热量。通过力量训练，每增加1千克肌肉，其消耗的热量等于在一年内燃烧掉3～5千克脂肪。经常参加力量训练，可以使血液总胆固醇下降，低密度脂蛋白下降，高密度脂蛋白升高，有利心血管健康。

(5)减少运动器官的损伤和疼痛。肌肉力量的不足和退化会造成肌肉劳损、疼痛及身体形态改变。力量训练可以使颈部和腰部等重要部位的肌肉力量增强，延长工作时间。

(6)改善身体对碳水化合物的代谢机能，促进心血管健康，预防和帮助治疗糖尿病。力量训练可增加肌肉重量，更多的肌肉组织使机体对胰岛素的敏感性加强，从而更有效地从血液里摄取所需的糖并加以利用，降低血糖，起到预防和治疗Ⅱ型糖尿病的作用。

(7)降低患癌风险。瑞典一项调查经过20多年跟踪8 677名男性志愿者生活方式的调查，并对每名参与研究的志愿者定期体检和做肌肉力量测试。结果显示，定期做举重等锻炼且肌肉发达的男子比其他人患癌症过世的几率低30%～40%。

(8)无氧练习(训练)还可以锻炼速度、力量及爆发力，培养神经、肌肉的“强度”。

二、强身健体群体的科学健身原则与方法

(一)健身运动锻炼的原则

健身锻炼的原则，是健身运动过程客观规律的反映，是健身

运动实践普遍经验的总结和概括。为了取得最佳健身效果，达到健身的目的，除了要遵循体育锻炼的普遍规律之外，还应遵循健身锻炼特有的准则。主要有目的性原则、超负荷原则、渐进性原则、个别对待原则、特异性原则、系统性原则、全面性原则、经常性原则等。

以上八项原则相互独立、联系密切，并构成健身活动互为依存的整体，在锻炼实践中，应予以全面贯彻、实施。然而，在对待具体问题时，各项原则各有适宜与指导作用。

（二）健身运动锻炼的方法

方法是达到目标的途径之一。在健身运动中，方法同样是训练系统中最重要的“软件”之一。训练法则是训练原则在训练方法上的具体贯彻与运用，是编排训练课程、拟定训练计划、进行运动训练可借鉴的方法。主要法则包括：渐进性超负荷训练法则、孤立训练法则、多组数训练法则、顶峰收缩训练法则、优先训练法则、金字塔训练法则、局部集中训练法则、周期训练法则、持续紧张训练法则、助力训练法则、静力紧张训练法则、退让训练法则、发胀训练法则、预先疲劳训练法则、间歇训练法则、强迫次数训练法则、优质训练法则、局部动作训练法则、渐降重量训练法则、综合训练法则、兼顾训练法则、快速训练法则、分化训练法则、双分化训练法则、三分化训练法则、交错穿插动作训练法则、动作多变训练法则、超组合训练法则、复合组训练法则、三组合训练法则、多组合训练法则、本能训练法则等。

（三）健身运动锻炼的一般动作与方法

1. 颈部肌群的健身锻炼动作与方法

颈部的强壮与否直接关系到一个人雄健、英武和健美的形象。颈部强健的胸锁乳头肌，能显示出男性的阳刚之气；女性颈部两侧对称修长、脖颈圆润而富有弹性、皮肤白皙细腻、袒露或缀以装饰，再配合后颈部飘荡的青丝与摆动的腰臀，会增添无限魅力。如果颈部脂肪堆积，则显得臃肿。颈部保持良好的姿态和曲线才会增添人的风度和气质美。

(1)锻炼颈部的肌群及常见练习

要想使颈部变得强健漂亮，就必须锻炼胸锁乳头肌、斜方肌、颈阔肌及夹肌、头长肌、颈长肌等与颈部健美有关的肌肉。主要练习动作有站姿颈屈伸、侧向颈屈伸、仰卧颈屈伸、俯卧颈屈伸、俯立颈屈伸等。

(2)颈部肌群锻炼方法建议

锻炼的初级阶段，一般只进行徒手颈绕环和左右转颈等练习，也可不安排专门的颈部练习，6 个月后每次课选择 1～2 个动作，每个动作练习 2～4 组，每组 10～12 次左右。在没有专门器械的情况下，可以徒手(或毛巾)的自抗力练习为主；6 个月至 1 年后，可加重量练习，如负重颈屈伸等，以使颈部肌群与全身肌群平衡发展。

2. 肩部肌群的健身锻炼动作与方法

决定肩膀宽度和健美与否的条件有两个：一是锁骨和肩胛骨的长短与大小；二是锁骨末端附着的三角肌的丰满程度。肩窄的根本原因是锁骨和肩胛骨周围附着的肌肉群不发达而无力，使得锁骨和肩胛骨远端下垂。另一原因是两个横面的肌肉发展不平衡，前紧后松继而形成扣肩凹胸。锁骨和肩胛骨的长短大小，除先天的遗传因素外，与后天缺乏锻炼，不注意保持正确姿态，也有重要关系。

(1)锻炼肩部的肌群及常见练习

男性要想展示肩的宽度和力度，体现“倒三角形”体型。女性要想体现肩的圆滑感，展现柔美的曲线，并弥补“塌肩”“窄肩”“瘦肩”和“锁骨窝太显”等先天的不足，唯一的办法就是加强肩部肌群尤其三角肌的锻炼。主要练习动作有站姿提肘上拉、站姿侧平举、站姿前平举、躬身侧平举、俯立飞鸟、颈后推举、颈前推举、坐姿推举哑铃、平举下拉橡皮带、侧上拉橡皮带、站立耸肩、俯立耸肩等。

(2)肩部肌群锻炼方法建议

初练时按不同的锻炼部位，每次课可安排一个动作，每个动作可做2～3组；半年至一年的锻炼课，每次可选择两个动作为组合，每个动作做2～4组；一年以后应根据实际情况，选择三个动作为一组合，每周练二次，每次课的每个综合组约为8～10组。

一般的肩部锻炼方法是男女大致相同，只是由于锻炼的要求和目的不同，在试举的重量和运动量的选择上有所区别。对要求减肥的女子而言，其试举的重量要轻些，次数可多些，每组一般14次以上；对那些为了发达肌肉的男子，其试举的重量应大些，次数可少些，每组一般8～12次。在锻炼中，还必须根据肩部的生理特点，把每个动作按不同的部位(如肩部的前中后)合理地安排在训练课中，以使"肩膀"周围的肌群都能得到锻炼。

3. 臂部肌群的健身锻炼动作与方法

健壮的胳膊就被视为力量的象征，它是完成人的基本活动的重要器官。在我国历史上也一直把臂力过人的英雄作为崇拜的偶像，如楚霸王力举大鼎、鲁智深倒拔垂杨柳的故事一直流传至今。

在现代生活中虽有各种起重机能举起数以吨计的重物，但有一双灵巧的手和健美粗壮的胳膊还是很重要的。因为能具有"力拔千斤"的力量仍然是人们骄傲的资本。

(1)锻炼臂部的肌群及常见练习

健美臂部应重点锻炼肱三头肌、肱二头肌、肱肌。主要练习动作有站姿反握弯举、坐姿托肘固定弯举、俯身弯举、斜板单臂弯举、单臂坐弯举、斜卧弯举、反握引体向上、颈后臂屈伸、仰卧臂屈伸、俯立臂屈伸、站姿双臂胸前屈肘下压、仰卧撑、直臂后上拉举、腕屈伸、站姿双手卷棒、重锤握力器交替握等。

(2)臂部肌群锻炼方法建议

胳膊肌肉的锻炼，重点应集中在上臂，以练肱二头肌和肱三头肌为主。其他的肌肉如前臂的屈肌和伸肌，只要适当安排 2～3 个动作就足以能与上臂肌肉协调发展。这是因为在练上臂的同时，前臂也加入了运动，从而得到了锻炼。锻炼胳膊时应充分注意下列几点。

①两手交替练习和依次练习的项目，其负荷应完全相同，既要练屈肌又要练伸肌，只有这样，才能使臂肌发达对称。

②一般女子的锻炼往往以增强臂力，提高肌肉的弹性和减缩多余的脂肪为目的。在锻炼中，练习重量常以中小重量为主，练习次数可多些。而男子的锻炼多数是以发达臂部肌肉、增强臂力为主要目的。练习重量应以大重量为主，练习次数可少些。在进行系统的锻炼时，各阶段训练课的内容安排一般为以下几种。

A. 第一个月的锻炼课安排

每块主要肌肉或肌群，如肱二头肌、肱三头肌、前臂肌群等，各选择一个动作，每个动作练 2 组。

B. 第二、三个月的锻炼课安排

应根据上述各肌肉或肌群另选择动作，每个动作练 3 组。

C. 第二个月至第六个月的锻炼课安排

每块肌肉或肌群可选择两个不同方位或不同器械的动作，每个动作做 2～3 组。

D. 6 个月以后的锻炼课安排

应根据臂部肌肉的增长情况，每块肌肉或肌群选择 2～3 个不同的动作，每个动作练 3～4 组，最多不超过 5 组。

锻炼一年左右，一般臂围会明显增粗。但一年后，臂围的增长幅度可能要稍慢些，为进一步增强训练效果，一年后的锻炼应根据实际情况，合理选择有效动作进行练习，并应适当地增加运动量。

4. 胸部肌群的健身锻炼动作与方法

人们在追求健美的体形时，往往把挺拔、丰满、结实的胸脯看作是“人体美”的主要标志。它甚至象征着男性的力量和开阔的胸襟。它更是女性性特征最重要的部位和人体形体美审视的触目点。它可使小伙子显得格外魁梧健壮，并为自己的挺拔宽厚的胸脯感到自豪。姑娘们则把挺拔饱满、润泽而富有弹性、坚挺不垂、富于曲线的胸脯看作为“女性曲线美”的象征。练就宽厚的胸部肌肉，不仅可使体形变得健壮优美，而且有助于矫正低头含胸的缺陷，还可增强心肺功能，使人充满青春活力。

(1)锻炼胸部的肌群及常见练习

健美的胸部主要有赖于发达的胸大肌。主要练习动作包括平卧推举、斜卧推举、仰卧飞鸟、俯卧撑、双杠臂屈伸、仰卧屈臂上拉、仰卧直臂上拉、坐姿屈臂扩夹胸等。

(2)胸部肌群锻炼方法建议

①各阶段胸部肌群锻炼的内容安排

A. 初练至三个月的锻炼期

除掌握基本的动作要领外，主要应以发展胸部形状为主。可隔天练习，每周练三次，每次课选 1～2 个动作。此外，在练胸肌时最好同练背阔肌及大腿肌群结合起来，以取得更好的效果。

B. 三个月以后至一年的锻炼期

第一阶段是三个月至六个月，第二个阶段是六个月至一年。一般在这个时期的训练中，主要以扩大胸腔、改变基本体形为主，促使胸肌发达，每次课练 2～3 组。

C. 一年以后的锻炼期

根据胸肌的发展情况，合理地选择发展不同部位的 3～5 个动作为一个组合。由于运动量逐渐增大，还要与身体其他部位的锻炼结合起来，每次课可选 3～10 个动作为一个组合，综合组数为 3～4 组。

②在进行胸部的锻炼时，男、女的锻炼方法有区别

男子的胸部外形，根据部位可分为“外侧翼”“下缘沟”“上胸部”等，如改变“排骨”体形的锻炼，主要从发达胸大肌，扩大胸腔，增强呼吸系统功能着手，然后结合肩、背、臂和腿部等肌肉群进行锻炼。前三个月的锻炼，主要以发展胸部的形状为主，即先发达

“外侧翼”“下缘沟”的肌群，然后，由“外侧翼”逐渐向“中间沟”“下缘沟”“上胸部”发展，把三角肌前束肌群联系起来，以形成宽厚结实的胸脯。

女子的胸部主要是由“乳腺”外覆盖脂肪形成的。一般来说，胸部的大小与遗传和先天因素有关。女子在青春期(16—18岁)是胸部发育的顶峰，20岁以后脂肪逐渐增多，如果女性荷尔蒙分泌较多，胸部往往过于肥大。有些胸部过小的人，为使其变得丰满，采用按摩推拿的方法，收效甚微；也有的服用荷尔蒙或食用高脂肪，扰乱了内分泌系统，引起严重恶果。如果经常采用徒手或器械的健美锻炼，可以防止脂肪增多和乳腺萎缩，使胸部丰满而富有弹性。在锻炼时一般应以采用轻器械的练习为主。

开始锻炼胸部时，应先以扩大胸腔、增强呼吸功能着手，同时发达胸大肌的两侧翼和周围肌群，一般锻炼三个月以后，胸大肌用力收缩时，会有结实饱满的肌肉感，乳腺的弹性也会有所改善，但女子在进行胸部锻炼时还是应该注意以下几点。

A. 一般每周锻炼以3次为宜，即隔天练一次。

B. 锻炼前要求选择两套或三套形体健美操为准备活动项目，至少活动15分钟。

C. 每课可选择2～3个动作，每组所采用的重量以能举起8～12次为宜，如能超过12次，说明要适当加重，举不起8次，则应减轻重量。每课的次数与组数应随训练水平的提高作适当的增加。

D. 如果重点要求是减缩多余脂肪或以增强肌肉弹性为主的话，每组锻炼的次数至少要有15次，最多不超过20次；如果重点要求是扩大胸腔或增强胸大肌或使胸部永远保持“挺拔丰满”，可以按照常规要求练习。

E. 有些乳房发育过大或胸部脂肪过多的人，要使胸部健美，首先应从控制饮食着手，日常注意摄取“低热能”和“低脂肪”的食物；要减缩脂肪，必须积极参加各种体育健身活动，如游泳、跑步、竞走、打球、骑自行车等，再配合做侧重锻炼胸部的健美操，才能获得良好的效果。

对胸部平塌、乳房较小的女青年来说，应加强胸部锻炼，发达胸大肌，增强肺活量，扩大胸腔，这对乳房发育也能起到一定作用。通过杠铃、哑铃等进行锻炼就能收到非常好的效果。

5. 背部肌群的健身锻炼动作与方法

背部肌肉宽阔、发达，不但使上肢强劲有力，给人以健壮、雄浑之感，而且能使躯干呈“V”字形，构成挺拔的体态，给人以美好的背影，也是现代男性健与美的综合反映。而女性背直腰硬，则是保持挺拔丰满胸脯的有力支柱。尤其在审视现代美女时，上背部宽于上胸部的“倒三角形”无疑更具女性魅力和时代风采。

(1)锻炼背部的肌群及常见练习

要想使躯干上部肌肉发达，重点是要加强对胸大肌和背阔肌的锻炼。值得注意的是，在健美训练中有的人只注重对胸大肌的锻炼，认为锻炼胸肌同时会影响到背肌，我们认为这种观点不算全对。虽然锻炼胸肌会使背阔肌得到锻炼，但背阔肌面积大，要使背阔肌与胸大肌同步发展，或者说要想使背阔肌发展得快，必须做大量的专门练习，否则只注意发达胸肌．不作背阔肌专门练习，可能会导致胸廓畸形发展。例如俯卧撑对健美胸部和肩部有很好的效果：对“后缩肩”和“鸡胸”体型有矫正作用，即可使肩前伸；但对于“驼背”“含胸”“翼状肩”缺陷者则不宜练习，因为做俯卧撑反而增大了缺陷效果。所以发达胸大肌与背阔肌要交替进行，不可偏废。当然，在全面锻炼的基础上，各阶段可以有所侧重。锻炼背部的主要练习动作有坐姿重锤颈后下拉、单杠引体向上至颈后、俯立划船、俯卧提拉、屈体硬拉、坐姿双手划船、坐姿对握腹前平拉等。

(2)背部肌群锻炼方法建议

①女性背部肌群锻炼方法建议

如前所述，女性应有一个背直腰硬的躯干，因为它是保持挺拔丰满胸脯的有力支柱。加强背部肌群的锻炼，对纠正脊柱前屈和侧屈等有较好的整形效果，同时还能有效地减缩背部和腰部的多余脂肪。一般各阶段的锻炼安排可以如下。

A. 在初级阶段主要应以掌握正确的锻炼背部的动作要领和改变背部的形状为主，其中，第一个月主要掌握背部练习的动作要领。

B. 第二、第三个月改变背部的肌肉形状，使之形成良好的形体。

C. 第三个月至一年的锻炼主要是进一步改变背部的肌肉群和形状，巩固训练后所获得的形体，使肌肉坚实而富于弹性，胸部更为丰满挺拔，以体现出女性的“曲线美”。

D. 一年以后的锻炼主要应以加强背部重点肌肉群的锻炼为主。另外，在各阶段的锻炼中，要注意背部各肌群的平均发展。

②男性背部肌群锻炼方法建议

古人把“虎背熊腰”作为男性健美的标准，而现代男性则把“V”字形挺拔体姿作为衡量健美的尺度。人体的躯干是人体活动的支柱，人到中年、晚年后，如果缺乏体育健身锻炼，背部肌群的萎缩或脊柱的老化就会提前，导致躯干变成“含胸前屈”体姿。如能经常进行锻炼，背部肌群就能保持良好的体态。一般男子的背部锻炼，应从背阔肌的训练着手，先使其宽厚和形成良好的体形，一年后，再根据各人的背部肌肉发展的特点，合理地安排重点锻炼部位。在锻炼课中，一般在一至三个月内，每次课可选两个动作，做2～3组；三个月至一年内，每次课可选2～3个动作，做5～8组。不论男女，发达肌肉的最佳次数都是每组8～12次；如果着重减缩脂肪者，次数可多些；如果着重在发展力量者，次数应少于8次。

6. 腰腹部肌群的健身锻炼动作与方法

当我们赞美某一个人“挺拔，利索”时。“挺”是指胸部肌肉丰满而结实，“拔”是指腰部细壮而拔直有力和重心高，“利索”则是指腰部动作灵活。人体躯干挺拔、利索，不仅是健与美的体现，而且具有重要的生理功能与运动功能。腰部是连接人体上、下两部分的枢纽，是人体做前后屈、体侧屈及旋转等各方面运动的一架万能轴承，承担着各种生活技能和运动技能的繁重工作。并且在人体的腰腹部位又集中着人体消化、排泄、生殖等重要器官，真可谓是人体内脏的一个大储藏箱。

腰部是人体躯体的第二个生理弯曲，更是女性线条美中最富有变化的部位。如果腰腹部脂肪堆积，大腹便便，不仅体形不美，而且使人行动不便，动作迟缓，给人以笨拙之感，甚至引起内脏器官功能紊乱，体虚乏力，心血管系统负担加重，体质下降，还有可能出现其他疾病。增强腰腹肌群的锻炼，不仅可以增强消化和排泄系统的功能，而且对消化不良，胃溃疡、胃炎、胃下垂和便秘等症也有一定疗效。尤其对减缩腰腹部脂肪。更是一种很好的体育健身疗法。

(1)锻炼腰腹部的肌群及常见练习

要想使躯干强壮，就要发展竖棘肌和腰背伸肌以及股后肌群力量。要想使腹部曲线优美，肌肉结实而有力，就必须加强上腹部(腹直肌上部)、下腹部(腹直肌下部及髂腰肌)和腹部两侧(腹内外斜肌)肌群的锻炼。主要练习动作有俯卧两头起、俯卧挺身、直腿硬拉、俯身展体、负重体侧屈、侧卧弯起、负重转体、俯卧转体挺身、锻炼腹部肌群的常见练习、仰卧起坐、仰卧举腿、仰卧两头起、悬垂收腹举腿、仰卧双腿绕环等。

(2)腰腹部肌群锻炼方法建议

①在男子健美体形匀称发展的要求中，腹部肌肉线条是体形美的主要部位。所以，腰腹部的锻炼，除了减缩多余的脂肪之外，主要是发达腹直肌和腹外侧肌。

②女子腹部的锻炼应根据不同的训练要求，采用不同的训练方法。

A. 对重点减肥者，应包括腰周围的上腹、下腹、腹侧、腰背甚至胸部、臀部和大腿上部等部位的锻炼，每周安排 5～6 天训练，每次训练课至少 60 分钟以上，并以有氧运动为主。各部位的训练组数和次数也应相应增加。有条件的人每天还可练习两次。

B. 对较瘦者，则采取加强重点部位锻炼的方法，以达到丰满体形、增强内脏器官机能的目的。对外型原就比较匀称者，则以加强力量和肌肉弹性的练习为主，使其能达到增强体质，保持其健美体形的目的。

③腰腹肌的健美锻炼应与发达其他部位的肌肉的锻炼严格区别开来。特别要注意：每次课应选择 2～4 个动作；练习的组数约为 3～5 组；每组的次数不得少于 20 次；间歇时间最多不超过 30 秒钟；每周至少安排 2～5 天。动作频率稍快；初练时动作难度要求不必过高，从徒手到持器械，有一定基础后不断增加训练难度和增加器械的重量。从运动生理学的能量供应与热量的消耗来说，腰腹肌的锻炼应安排在每次训练课的最后，这是使腰腹健美的关键。

第三节　患病群体的科学健身方法

现如今随着饮食结构的变化，大学生普遍存在营养过剩的情况，这就导致高血压、糖尿病等一系列“富人病”有着低龄化的趋势。本节就将针对患病群体采用何种方法健身进行深入探讨。

一、高血压群体的健身方法指导

（一）运动治疗高血压的机理

1. 运动可调整自主神经系统的功能

有氧训练可降低交感神经的兴奋性，放松运动可提高迷走神经系统张力，缓解小动脉痉挛。

2. 运动可降低血容量

运动锻炼可降低心输出量。经常进行锻炼一方面可使静息心率减慢、心输出量下降。运动锻炼可引起体内钠代谢的变化。其原因是运动导致血中前列腺素E水平升高及胰岛素水平下降，从而促进钠的排泄，使血容量下降。

3. 运动可减低外周阻力

运动锻炼引起血管扩张。降低交感神经的活性，使血中总的儿茶酚胺水平下降，血浆中前列腺素E水平升高。从而使血管扩张、外周阻力下降。

4. 运动可调整内分泌

运动训练可提高心房利钠肽水平，降低胰岛素水平，从而减少血容量，降低血浆去甲肾上腺素水平，起到调整血压作用。

5. 运动健身能够改变血液成分

运动锻炼能降低血浆总胆固醇，升高高密度脂蛋白，降低血液的黏滞度，这些改变都直接或间接地与运动降压效果有关。

（二）高血压群体的科学健身方法

对于轻、中度高血压患者均可进行运动疗法。特别是对伴有交感神经活性亢进的轻度高血压病人效果尤佳。但对于重度高血压病人，因运动时可至短时间的血压升高而增加危险性，故在血压未得到充分控制的情况下应禁用运动疗法。

1. 健身运动的方式

一般以有氧运动为主，如步行、慢跑、骑自行车、游泳和体操等。静力性练习及最大重量的举重应尽量避免。此外，气功、放松练习也是有效的运动治疗方式。

2. 健身运动的强度

研究认为 40%～80% VO_2max 的强度对降压都有效，而 50% VO_2max 的强度较 75% VO_2max 的强度降压效果更加明显。因为血浆中乳酸堆积达阈值时的运动水平大致相当于 50% VO_2max，所以运动强度以轻中度为宜。

3. 健身运动的时间

每次运动的时间一般以 30～60 分钟为宜。每周 3 次以上即可产生降压效应。研究发现，每周 5～7 次运动锻炼比每周 3 次运动降压效果更明显。

二、高脂血症群体的健身方法指导

（一）运动对脂代谢的影响

运动疗法是治疗高脂血症的重要环节。中等强度的有氧运动对机体的脂代谢产生良好的作用，其作用表现在以下几方面。

（1）适度的中等强度的有氧运动促进能量消耗，增加脂肪的燃烧，减少机体过剩的脂肪。脂肪对肌肉供能随运动时间的增加而增加，运动时供能的脂肪来源于肌肉的甘油三酯储备及血中游离脂肪酸。肌肉的脂肪动员加强，血中游离脂肪酸水平由于继续向肌肉转运而降低，甘油三酯和脂蛋白进一步水解产生更多的游离脂肪酸，血浆甘油三酯水平下降。

（2）运动有效地改善血浆脂蛋白的成分，这些改变包括：①降低血液中不利于脂代谢的脂质成分，如总胆固醇（TC），甘油三酯（TG）、低密度脂蛋白—胆固醇（LDL-C）水平，从而防止动脉粥样硬化的发生;②提高高密度脂蛋白—胆固醇(HDL-C)水平,高密度脂蛋白可以将周围组织中的胆固醇运载到肝脏,胆固醇在肝脏转化为胆汁酸或直接通过胆汁从肠道排出,从而促进胆固醇排泄。实验也证明,血清 HDL-C 水平与冠心病发病率负相关,也就是说 HDL-C 水平越高的人,冠心病发生的可能性越小。高密度脂蛋白(HDL-C)作为一种载脂蛋白,被医学界誉为“抗动脉硬化因子”“血管的清道夫”,也就是说,只要血液里的高密度酶蛋白水平达到正常,它可以将血管内多余的胆固醇、甘油三酯等脂质类物质通过血液循环运输到肝脏及其他地方进行分解代谢,同时使人体的脂代谢恢复平衡。

(3)对血浆载脂蛋白(APO)代谢的有益作用:血浆载脂蛋白(APO)是脂蛋白的蛋白质部分,因其在血浆中是唯一明确的生化标志,故它们与动脉硬化的关系较大。APO 有几种类型:包括血浆载脂蛋白-A(APOA)、血浆载脂蛋白-B(APOB)、血浆载脂蛋白-E(APOE)等。APOA 是 HDL 最主要的载脂蛋白,而 APOB 是 LDL 的主要载脂蛋白。临床对冠心病患者的研究发现,其血清中 APOA 水平下降,APOB 水平升高,而且 APOA、APOA/APOB 愈低,APOB,APOB/APOA 愈高,冠状动脉病变程度愈重。有研究显示,经常进行有氧运动的人群其血浆 APOA 水平显著高于对照组。长期有氧训练可使健康中年男性和肥胖女性 APOA 提高,APOB 下降,APOA/APOB 比值上升。

(4)长期有氧运动后脂蛋白酯酶(LPL)活性提高:LPL 是人体内水解甘油三酯(TG)的关键酶。有研究证实,长期有氧运动后 LPL 活性提高,随之 TG 降解增加。

(二)高脂血症群体的科学健身方法

高脂血症患者宜采用中等强度、长时间周期性大肌群参与的运动。现在认为改善脂代谢所需运动强度应低于改善心肺功能的强度,约为 40%～60%最大摄氧量(VO_2max)强度或 60%～70%最大心率(HRmax),大于 80%VO_2max 强度与低强度效应相同。

运动频率为3～5次/周。每次持续时间为45～60分钟(准备活动5～10分钟,运动部分25～40分钟,整理活动5～10分钟)。但也有研究认为运动频率大于3次不会导致血脂的更大改善,甚至有研究发现每周进行两次运动,共3个月也能使HDL-C上升19.3%,LDL-C下降12.8%。因此对于高脂血症群体推荐小量、短时、多次、累积和完成总的运动时间和运动量,同样可以取得较好的效果。

最好的运动方式是散步、慢跑、骑自行车、游泳、健身操、太极拳、气功等有节奏的全身性运动。患者可以依据各自的体力和爱好来适当选择简便、有效可行的运动项目,有规律科学地进行,才能保持运动锻炼的最佳顺应性。一些放松性治疗,如太极拳、气功等也有较好疗效。

也有人建议,采用有氧运动与力量练习相结合的方式,力量练习的负荷为最大重量的80%。

三、糖尿病群体的健身方法指导

(一)糖尿病运动疗法的作用及原理

大量糖尿病运动疗法的机理研究证实,糖尿病运动治疗是行之有效的。其效果表现为急性和慢性两个方面。一次性运动可以提高胰岛素的作用,促进糖原的产生,降低空腹血糖浓度。这一作用可以持续到运动后的24～48小时。长期从事有氧运动的人,除了达到以上效应外,还可以降低空腹胰岛素的浓度和改善血糖。然而运动一旦停止,锻炼的效果即开始降低,两个星期内不参加任何锻炼,效果将完全消失。即使是1～2天不锻炼即可使胰岛素的敏感性明显降低。这就是为什么在糖尿病的运动治疗中强调每周运动不能少于三次的原因。

糖尿病运动疗法的作用机制表现在以下几个方面。

(1)提高外周组织对胰岛素的敏感性。

(2)长时间有氧运动可减轻体重。

(3)改善糖代谢。

(4)改善脂代谢。

(4)改善心肺功能。

(6)增强体质,提高机体适应性。

(二)糖尿病群体的科学健身方法

1. 糖尿病运动治疗的适用对象

糖尿病运动治疗的对象主要适用于空腹血糖在 16.7 毫摩尔/升以下的Ⅱ型糖尿病病人,特别是超重或肥胖者。对于缺乏运动而肥胖的中年以上患者和伴有高脂血症、高血压病的糖尿病人,运动锻炼有良好的生理效应,相当一部分人采用运动与饮食相结合的方法可达到控制血糖的目的。

2. 糖尿病人群的健身运动方式

糖尿病运动治疗主要采用中等强度节律性有氧耐力运动。运动的形式应根据病情、体力及客观条件选择适合个人特点和兴趣的运动项目。最好选用尽可能动员较多的大肌群的运动,这样的运动能量消耗大,对呼吸循环系统也能够产生有效的刺激。目前推荐的运动形式有散步、快走、慢跑、骑自行车、做广播操及各类健身操、太极拳、球类、划船、爬山及上下楼梯等。不必是单一的,可以是交换组合的。要避免快速高强度运动,如快跑、快速游泳、体操、网球等。此外,除了无并发症的轻度糖尿病人以外,赛车、举重、拳击、游泳等运动也不宜参加,以免兴奋交感神经及胰岛 β 细胞等,引起糖原分解和血糖升高。步行安全,简捷而易行,是最容易坚持的一种锻炼方式,是首选的运动项目。不同人群运动方式的选择可参见表 7-2。

表 7-2 不同糖尿病患者健身方式的选择

肥胖型糖尿病	轻度糖尿病无并发症
平地快走、慢跑、上楼梯	举重、拳击
坡道自行车	游泳
登山、各类球类训练	体育比赛
擦地板	重体力劳动

关于阻力锻炼对葡萄糖代谢的影响研究比较少，已获得的证据显示短期和长期阻力锻炼对葡萄糖平衡和胰岛素活动的影响与有氧运动相似。尽管研究证据表明阻力锻炼是有利的，但是糖尿病患者，尤其是I型糖尿病患者(胰岛素依赖型，IDDM)是不提倡进行阻力锻炼的。阻力运动可以产生某些反应，持续的运动可使血压升高，这使得有视网膜病变的患者有发生视网膜剥离、玻璃体出血等危险，也使得神经病变的患者有发生皮肤外伤和溃疡的危险。但如果给予严格的筛查和监督，可以防止运动造成的伤害。证据表明将有氧运动和阻力锻炼合理地结合起来对糖尿病患者的管理是十分有效的。

3. 糖尿病人群的健身运动强度

运动量和强度一定要适中，而且要个体化。运动过度反而会使血糖过大波动，使病情加重；运动量过小，对肌肉没有足够的刺激，达不到运动治疗的目的。对没有合并证的轻中度糖尿病病人推荐中等强度运动，即指运动时耗氧量占本人最大耗氧量的60%(60%$V0_2max$)。美国运动医学会推荐糖尿病患者应以有氧运动为主，达到40%～60%的最大耗氧量，或是60%～90%的最大心率。国内学者多主张以60%VO_2max运动30分钟。

准确的运动强度指标是%VO_2max即%最大耗氧量，因测定VO_2max比较困难，所以常用心率来表示这种强度(相对强度)，把极限的强度定为100%最大心率(HRmax)。运动中达到的%HRmax越高，运动的强度也就越大。估算方法包括以下几种。

(1)计算法

运动中靶心率=最大心率×%HRmax

最大心率=220-年龄

(2)简易法

运动中心率=180(或170)-年龄-130(或120)次/分

4. 糖尿病人群健身运动的时间和频率

目前大多数学者推荐餐后1～2小时定时进行运动,认为此举有很好的降糖作用。日本学者研究,认为餐后90分钟运动较餐后30分钟及60分钟降糖作用好。有研究显示,降糖效果最好为餐后90分钟进行,餐后60分钟次之,而餐后30分钟进行的降糖作用最差。另外,运动的时间因人而异,视所用药物品种而异,应在药物发挥最大效力之前进行,如注射普通胰岛素以餐后0.5～1.5小时运动为宜;口服优降糖时的高峰浓度为服药后1.5小时,故运动在餐后0.5～1小时即可,运动时间应避开药物高峰作用时间及空腹时间。

相关研究证明停止运动健身3天,已获得改善的胰岛素敏感性会随之消失,故运动频率以3～5天/周为宜,如果能坚持1次/天最为理想;运动的持续时间为20～60分钟/次/天,包括5～10分钟热身和放松运动。

(三)糖尿病人群健身运动时的注意事项

(1)糖尿病运动疗法主要适用于轻度和中度的非胰岛素依赖型糖尿病(NIDDM)患者,肥胖型Ⅱ型糖尿病是最佳适应证。胰岛素依赖型糖尿病(IDDM)患者,由于体内胰岛素绝对不足,必须依赖胰岛素治疗。但对稳定期的IDDM病人,病情得到较好控制后也可进行运动锻炼,以促进健康和正常发育。

(2)选择适合自己的运动项目和运动方式。强调适量运动,过量运动可促进低血糖的发生,低血糖发生后又刺激交感神经系统兴奋,使体内各种升糖激素分泌增加,对抗胰岛素,致使高血糖出现，甚至发生酮症酸中毒，因此一定要加强医务监督。

(3)运动前要做适当的准备活动，如伸展及松弛肌肉的运动，以免肌肉骨骼受伤，准备活动后逐渐加大运动量，以免心率增加过快。运动将结束时宜行减速等适当活动，以免发生运动后血压过低、心律失常或晕厥等。

(4)有空腹运动习惯可于运动前适量加餐，预防低血糖反应，加餐量应记人当日主食量。

(5)定期检查身体，检测血糖、尿糖，时时关注自己的体重，评价锻炼效果，不断地修改完善运动处方。

(6)有冠心病及高血压者选择慢行及太极拳、气功运动为宜，切不可负荷过度，以免诱发脑出血及心肌梗死。

(7)为了保证锻炼安全，I型糖尿病人必须学会调整运动锻炼前碳水化合物的摄入量与胰岛素注射量，以维持运动锻炼过程中血糖的稳定。这要求病人不断地监测血糖浓度以便知道胰岛素和碳水化合物以怎样的比例搭配才是最合适的。例如，悠闲地散步不需要对胰岛素和碳水化合物的摄入量作任何调整；但对于长达1～2个小时费力的运动锻炼，则需要在运动锻炼前多摄入25～50克的碳水化合物；对于更长时间的运动锻炼活动，如全天的远足，尽管碳水化合物的摄入量增多了，但注射胰岛素的量仍要减少。

(8)下列糖尿病人应严格禁忌从事运动治疗：①血糖过高，胰岛素用量太大，病情易波动者。②糖尿病酮症或消耗时分严重、血黏稠度高者。③伴有高热、严重感染、活动性肺结核者。④有严重心肾并发症及糖尿病视网膜病变者。

第四节　体态矫正群体的科学健身方法

长期的伏案学习使得大学生或多或少会出现体态畸形的状况。本节将就这类人群的矫正健身方法进行详细阐述。

一、脊柱侧弯矫正的科学健身方法

(一)脊柱侧弯矫正技法

正常人的脊柱有一系列向前后的正常生理弯曲,而没有向左或向右的弯曲,假如脊柱发生了向左或向右的弯曲,那就是脊柱侧弯。这种畸形,在脱掉衣服时,就会看得很明显,天热只穿一件背心或薄的衬衫时也会被人们清楚地看见,在一定程度上影响体形的健美。

脊柱侧弯初起时,由于骨骼和韧带还没有发生异常的变化,这一时期做矫正体操效果最显著。侧弯发生较久后,由于一侧的肌肉韧带松弛;另一侧发生萎缩,矫正起来就不如初起时那样快。侧弯发生更久时,脊柱骨本身往往也随着变了形,有的椎骨一边厚一边薄,矫正起来就更困难了。不过,青少年如果能长期坚持做矫正体操,还有可能防止畸形再发展,或使脊柱在发育过程中长得直一些。

大学生的脊柱侧弯,以脊柱中段凸向右侧者居多,下面就针对这种侧弯介绍一套简易的脊柱侧弯的矫正体操。

1. 仰卧挺胸

准备姿势:仰卧,左手用力向上伸,右手用力下伸。

动作要领:挺胸,同时抬起肩部,吸气,放下时呼气。

2. 仰卧举腿

准备姿势:同仰卧挺胸。

动作要领:右腿伸直抬高 60°左右,呼气,放下时吸气。

3. 仰卧弓身

准备姿势:同仰卧挺胸,只是右下肢屈曲,足踩床(垫)面。

动作要领：抬起腰部和臀部，吸气，放下时呼气。

4. 侧卧弯起

准备姿势：向左侧卧，左手用力向上伸，右手用力向下伸。
动作要领：抬起头部、肩部和胸部，呼气，放下时吸气。

5. 侧卧举腿

准备姿势：同侧卧弯起。
动作要领：右腿伸直抬起，同时呼气，放下时吸气。

6. 俯卧挺身

准备姿势：俯卧，左手向上伸，右手向下伸。
动作要领：抬起头部、肩部、上胸部和左手，吸气，放下时呼气。

7. 俯卧举腿

准备姿势：同俯卧挺身。
动作要领：右腿伸直抬起吸气，放下时呼气。

8. 俯卧两头起

准备姿势：同俯卧挺身。
动作要领：抬起头部、肩部、上胸和左手，同时右下肢伸直抬起，吸气，放下时呼气。

(二)脊柱侧弯矫正技法的作用

脊柱侧弯矫正技法的作用，在于重点加强脊柱凸出一侧的肌肉，逐渐把侧凸的脊柱拉直。这套操就是重点加强右侧的躯干肌肉。矫正体操的准备姿势和动作，要求左手用力向上伸展而右手用力向下伸直，这样脊柱两侧的肌肉活动就不对称，右侧紧张而左侧松弛。在这一姿势下做背部肌肉锻炼，就可把作用集中到右侧脊柱肌肉，达到矫正侧弯的目的。

在一侧的髋部用力时，可以使同侧的腰腹肌肉紧张，从而达到锻炼和矫正作用。

第 1 节和第 6 节，对胸部脊柱的作用大一些，第 2、3、5、7 各节，对腰部脊柱的作用大一些。

第 4 节全面地锻炼了躯干右侧的肌肉，第 8 节则综合了 6、7 两节的动作，这两节做起来较吃力，作用也较强。

这套操，脊柱中段凸向左侧者也可用，但在练习时必须把各节的左右方向全部颠倒过来。否则，不但无益，反而使畸形加重。

做操时，动作要缓慢平稳，每个动作做 3～5 秒，每一节重复两个 8 拍，逐渐增加到重复 4 个 8 拍。各节中间可适当休息。体力强的，做完全套还不太累时，可以选择某几节动作完成后再停住 10～30 秒，以增加运动量，提高矫正效果。此操每天要进行一次，一般要做几个月到几年，可获疗效。

除了定期做矫正操外，还要注意经常保持较好的动作姿势。有脊柱侧弯的青少年，两个肩胛不一样平，胸椎突出的一侧肩胛比凹陷的一侧高些，因此，在背书包、挎包或提重物时，都要用肩胛低的一侧来做，以使对侧的胸背肌肉用力，起到锻炼和矫正的作用，同时，可常进行体侧、体转练习，这样效果更佳。

二、背部畸形矫正的科学健身方法

（一）驼背预防技法

驼背首先是由于背部肌肉松弛引起的。有许多身体练习可以加强背部肌肉，有助于防止驼背。如人人都能做到的单杠引体向上练习，特别是双手宽握上拉至后颈部触杠的练习，就能很好地发展背部和肩部的肌肉。

预防和矫正驼背最重要的是要经常注意保持正确的姿势。靠墙站立，使后脑壳、双肩、臀部和脚跟贴墙，尽可能长时间地保持这种姿势。每天练习几次，即是一种很有效的预防和矫正法。

让大学生学会做各种平衡练习（如在窄平衡木、平衡木或方木上来回走动），注意姿势，是效果更好的预防措施。这样做不仅心理因素起作用，而且生理因素也起作用——使躯体保持正常姿势的肌肉得到增强。

下列练习有助于矫正（取决于年龄大小）非病理性驼背。

（1）双手背后交握，尽力上提至肩胛骨，用力顶住后背，头后仰。

（2）仰卧，双臂侧平放，上体挺起，成后脑壳和臀部撑地的姿势。

（3）跪立，两手抓住脚跟，胸前挺，头后仰。

（4）俯卧，双手叉握放头后，两脚固定。上体和头尽量向后上方抬起，两肘同时张开上抬。

（5）坐在椅子上，双手叉握放头后，胸部用力向前挺，头后仰。

（6）仰卧，用手（靠近头部）和脚支撑，做“桥”。

（7）背对墙站立，头后仰，前额触墙。

上述练习每天做 2～3 次，每次 3～4 个，每个重复 12～15 次。

这些练习的主要作用在于加强背部和肩颈部肌肉，从而帮助人保持正确的姿势。

（二）驼背矫正技法

大学生驼背（圆背）畸形，既影响体型的挺拔健美，又在一定程度上妨碍心肺的发育，容易疲劳，不耐久站久坐。至中年以后，还容易腰酸背疼，不能负重，给一生工作、生活带来困难。

大学生驼背，多数是因平时经常低头、窝胸的不良姿势引起的，比如看书写字时身体趴在桌上，使用过矮的桌椅，经常用肩背杠过重的东西。在这种情况下，脊柱前面的韧带就紧紧收缩，后面的韧带和肌肉就得放松，日久天长，背部肌肉就会变得松弛无力，形成姿势性的圆背。

不及时矫正，发展下去，脊柱骨就可能出现结构性的改变，成为严重的驼背,再矫正就困难了。

所以在刚刚出现圆背后,就应该尽快矫正,不能任其发展下去。

大学生时期,身体的可塑性较大,既容易因不良姿势引起驼背,又容易纠正不良姿势,矫治驼背。年龄愈轻,驼背愈容易矫正过来。最简单的方法是每天用一根木棍夹在背后两肘弯处,挺胸行走5～10分钟;或双肩后挺,将两手互握于背后腰际,每天步行5～10分钟;或头上顶书包行走300～400米;或单杠上做颈后上拉等,坚持锻炼,即可收到效果。青年人姿势性驼背的预防和矫正,还可采取以下两种方法矫正。

1. 习惯养成法

(1)注意端正身体姿势。平时不论站立、行走,双眼要向前平视,胸部自然挺起,两肩向后自然舒展,不窝胸弯腰。坐时脊背挺直,看书写字时不要过分低头,更不要趴在桌子上。

(2)使用合适的桌椅和用具。身高增加,相应增高桌椅;睡觉时的枕头不宜过高;视力不好的,及时佩戴矫正视力的眼镜等。

(3)在身体还在发育的青春期内,不宜经常搬扛过重的东西。如挑、扛麻袋时,不要装得过满过重,尽量减少脊柱的过重负担。

(4)睡硬板床。上床后、入睡前,在背后垫上高枕头,全身放松,让头后仰,活动15～20分钟上。早上起床前再做1次,每天坚持。

(5)坚持做矫正驼背的医疗体操。这主要是为了增强伸背挺胸的肌肉力量,调整身体前后方肌肉的力量平衡,纠正圆背。同时练习扩胸运动,可以增强两肩的肩胛骨向后靠拢的力量。

2. 体操矫正法

下面介绍的几节矫正圆背的体操,可以全做也可选用一部分练习。

(1)挺胸运动。仰卧,用枕部和两肘支撑,挺起胸部,同时吸气，放下时呼气。

（2）抬头运动。俯卧，两手置体侧，抬起头部及肩部，同时吸气，维持 10 秒钟，放下时呼气。

（3）后举运动。俯卧，抬起头部和上胸部，两臂伸直向后举起，双腿尽量上抬，同时吸气，放下时呼气。

（4）扩胸运动。站立，两臂前平举，然后分别向左右挥摆，作扩胸动作，要求抬头，挺胸，收腹，踮脚。

（5）挺背运动。站立，两手轻靠在臀后，两肩及两上臂向后上方提拔，头同时向后仰，做挺背动作。

（6）拱背运动。仰卧，以双脚、双肘和头五点支撑，做上挺动作，挺时吸气，放下时呼气。

以上体操，每天早晚各练一次，长期持续进行。

第八章　大学生体质健康的测量与评价研究

体质是健康的物质基础。对于大学生来说，培养良好的体质和塑造健康的身心状态非常重要，这就需要一个基础性的标准来帮助大学生判断自我体质健康是否达标。通过对大学生的体质健康的各项指标进行测评能够使其了解和掌握其体质和健康状况，为大学生进行科学进行体育锻炼提供参考依据。本章主要就大学生体质健康的测量与评价进行重点研究。

第一节　人体形态的测量与评定

一、人体形态概述

身体形态是反映人体外表结构和生长发育水平的重要指标。这些指标包括：身高、坐高、体重、胸围、肩宽、骨盆宽、臂围、上肢长、下肢长、腰围等。身体形态指标可以反映个体局部形态特点，人体形态指标受遗传影响较大。

运动项目不同，对运动员的身体形态选材标准也不同，因此，应结合运动专项特点来确定运动员的选材标准。一般的，每一个运动项目要求运动员的身体形态符合本运动项目的运动专项特点的基本要求，这关系到运动项目的合理选材问题。

对于高校普通大学生来说，良好的身体形态应符合《国家学生体质健康标准》的基本标准。

二、人体形态的测量内容

根据人体形态的具体标准，人体形态的测量主要包括以下内容。

（一）身高

身高，也称“空间整体指标”，是个体纵向发育水平的重要指标之一，具体是指人体从站立底面到头顶点的垂直距离。人体身高受遗传因素和环境因素的制约和影响，身高的遗传度较高，很大程度上取决于父母的遗传基因，男孩遗传度为75％，女孩遗传度为92％。利用哈费利采克公式，可预测出身高，公式如下。

儿子身高＝（父身高＋母身高）×1.08/2

女儿身高＝（父身高×0.923＋母身高）/2

对高校大学生身高测量具体如下。

测量仪器：标准身高坐高计。

测量方法：受试者赤足，以立正姿势站立于底板上，背靠身高坐高计，足跟、骶骨和两肩胛间与立柱接触，耳眼处水平位。测试者将水平压板下滑至受试者头顶点，双眼与压板水平，读数并记录测量值。

注意事项：

（1）身高坐高计应水平放置，立柱的刻度尺面向光源。

（2）测量时，要注意受试者足跟、骶骨和肩胛骨间紧靠立柱。

（3）水平压板与受试者头顶接触松紧要适度，有发髻者应放下。

（4）测量单位为厘米，测量结果精确到小数点后一位，测量误差不超过0.5厘米。

（二）体重

体重是衡量人体骨骼、肌肉、皮下脂肪及内脏器官等综合重量发展变化的指标。人的体重通常受遗传、年龄、性别、季节、体育锻炼、疾病、伤害等因素的影响。

测量仪器:标准体重计,误差不超过0.1%。

测量方法:受试者赤足、身着薄衣裤站立于体重计中央,测试者移动刻度尺稳定在水平位后读数并记录其重量值。

注意事项:

(1)保证测量仪器正常,受试者衣着合格(被测者只准穿薄短裤,女性可穿背心)。

(2)测量时间最好在上午10点左右为宜,排尽大小便。

(3)每测50人后校正仪器的准确度,测试完毕应检查仪器。

(4)测量单位千克,测量结果精确到小数点后一位,测量误差不得超过0.1千克。

(三)坐高

坐高是指人体取正位坐姿势时头和躯干的总长度,它通常用来反映人体躯干的生长发育状况以及躯干与下肢的比例关系。

测量仪器:标准身高坐高计。

测量方法:被测者端坐在身高坐高计底板上,头正,躯干挺直紧靠立柱,测试者将水平压板下滑至受试者头顶点,在两眼与压板呈水平位时读数并记录测量值。

注意事项:

(1)测量过程中,受试者骶骨部和肩胛骨间紧靠支柱并坐直。

(2)其他注意事项同身高的测量。

(3)测量单位为厘米,测量结果精确到小数点后一位,测量误差不得超过0.5厘米。

(四)骨盆宽

骨盆宽是指骨盆左右两端髂嵴外缘突出点之间的直线距离,它反映了人体骨盆的发育情况,是运动选材的重要参考指标之一。

测量仪器:软带尺,每米误差不得超过0.2厘米。

测量方法:受试者两腿并拢成自然站立姿势,两腿并拢,检测者面对被测者用测径规的两脚端分别置于骨盆左右两髂骨嵴外缘计取其最宽部距离,计量其水平直线距离。

注意事项:

(1)受试者体重应均匀落在两脚上,避免骨盆倾斜。

(2)测量单位为厘米,测量结果精确到小数点后一位,测量误差不得超过0.5厘米。

(五)胸围

胸围的测量应从肩胛下角下缘开始,男性至乳头上缘,女性至乳头上方第四肋骨处,是胸部的水平围长。胸围可间接反映胸廓大小和胸部肌肉发育状况,是体现体型和健康状况的重要形态指标。

测量仪器:软带尺。

测量方法:男子裸露上体,自然站立,平静呼吸,检测者将软带尺上缘置于背部肩胛骨下角,在胸部则将软带尺下缘置于乳头上进行计量;女子戴胸罩,将软带尺置于背部两肩胛骨下角,胸部置于乳头上缘进行计量。

注意事项:

(1)受试者不得低头、耸肩、呼气。

(2)测试人员应注意带尺松紧适度。

(3)受试者接受测量时,应有一人在其背后协助测试人员将带尺围定于肩胛下角下缘,以防下滑,并注意观察带尺是否呈水平。

(4)只测受测者的静气围(即平静时呼气末而吸气尚未开始时的胸围大小)。

(5)测量单位为厘米,测量结果精确到小数点后一位,测量误差不得超过1厘米。

（六）腰围

腰围，也称“腹围”，具体是指人体腰部围度的大小，可以反映人体腰部肌肉发育水平及腹部皮下脂肪厚度和沉积状况。

测量仪器：软带尺，每米误差不得超过 0.2 厘米。

测量方法：受试者自然站立，测量者将带尺置于受试者脐上，以水平位绕腹一周，取其自然呼吸时的计量值。

注意事项：

（1）运动后即刻不宜测量腰围。

（2）测量单位为厘米，测量结果精确到小数点后一位，测量误差不得超过 0.5 厘米。

三、人体形态的评定指数

指数是根据测试指标的相互关系，借助于数学公式将多个指标结合为某种相对指标。目前，人体形态评价方法有两种：一种是直接用测量获得数据进行绝对值的评价；另一种是将测量数据转换为指数而进行相对值的评价。①

目前，常见的人体形态指标主要有以下几种。

（一）克托莱指数

克托莱指数，也称“体重—身高指数”或“肥胖指数”，它广泛应用于人类学研究和人体测量与评价中，具体是用来表示每 1 厘米身高的体重，以反映人体的围度、宽度、厚度以及人体组织的密度。它是评价人体形态发育水平和匀称度的重要复合指标。

计算公式：体重（千克）/身高（厘米）×1 000。

示例：测得某男性受试者的体重为 65.3 千克，身高为 171.6 厘米。其克托莱指数为：65.3/171.6×1 000＝380.5。

① 刘星亮．体质健康概论[M]．武汉：中国地质大学出版社，2010.

大学生身体形态评价标准具体参考表 8-1。

表 8-1 克托莱指数评价表

性别	年龄(岁)	P_{10}	P_{25}	P_{50}	P_{75}	P_{90}	P_{97}
男	20—24	310.5	332.5	360.3	395.5	435.2	483.8
	25—29	320.3	343.5	375.4	415.7	455.9	499.0
	30—34	324.8	351.5	388.0	427.7	465.9	506.5
女	20—24	284.2	302.6	326.3	352.8	381.9	416.0
	25—29	288.2	308.0	332.7	362.1	395.6	434.5
	30—34	296.9	317.7	343.7	374.8	407.6	449.2

(二)身体质量指数

身体质量指数(Body Mass Index,BMI),又称"身体质量指数"或"体质指数",是用体重千克数除以身高米数平方得出的数字,主要用于衡量人体胖瘦程度以及是否健康,常用于统计研究。

计算公式:体质指数(BMI)=体重(千克)/身高(米)的平方。

示例:测得某男性受试者的体重为 65.3 千克,身高为 1.7 米。其体质指数为:$65.3/1.7^2=22.6$。

BMI 有四个级别划分标准,作为衡量人体整体肥胖程度的简便指标在国际上广泛应用,我国对 BMI 的界限具体如表 8-2 所示。

表 8-2 BMI 组别划分标准

组别	BMI 标准
轻	BMI<18.5
正常	18.5≤BMI<24.0
超重	24.0≤BMI<28.0
肥胖	BMI≥28.0

大学生 BMI 评价标准参考表 8-3。

表 8-3　BMI 评价表

性别	年龄(岁)	P_{10}	P_{25}	P_{50}	P_{75}	P_{90}	P_{97}
男	20—24	18.5	19.7	21.3	23.2	25.5	28.1
	25—29	19.1	20.4	22.2	24.4	26.7	29.0
	30—34	19.5	20.9	23.0	25.2	27.3	29.5
女	20—24	18.0	19.1	20.6	22.2	24.0	26.1
	25—29	18.4	19.6	21.1	22.8	24.8	27.4
	30—34	18.9	20.2	21.7	23.6	25.7	28.2

(三)比胸围指数

比胸围指数是人体形态测量复合指标之一，它主要通过人体自身的胸围与身高之比，或胸围减去二分之一的身高值来反映胸廓的围度相对比值用以衡量发育水平。在体质综合评价中具有重要参考作用。

计算公式：胸围/身高×100。计量单位：厘米。

示例：测得某大学男生身高为 171.6 厘米，胸围为 81 厘米，其胸围指数为：81/171.6×100＝47.2。

大学生比胸围指数评价标准具体参考表 8-4。

表 8-4　比胸围指数评价表

性别	年龄(岁)	P_{10}	P_{25}	P_{50}	P_{75}	P_{90}	P_{97}
男	20—24	45.8	47.7	49.9	52.4	55.0	58.2
	25—29	46.9	48.8	51.1	53.7	56.3	59.0
	30—34	47.7	49.9	52.3	54.9	57.5	60.1
女	20—24	46.8	48.8	51.2	53.6	56.2	59.4
	25—29	47.5	49.5	51.9	54.5	57.3	60.7
	30—34	48.1	50.3	52.7	55.4	58.5	61.9

第二节　身体机能的测量与评定

一、身体机能概述

身体机能是指人的整体及其组成的各身体系统、器官表现出来的生命活动，一般来说，身体机能水平越高则运动潜能越大，越有可能表现出优异的运动水平。良好的身体机能是个体身体健康的重要基础之一。

二、身体机能的测评内容

（一）循环机能测评

人体的循环系统主要是由心血管系统构成的闭锁管道，它能有效反映个体的身体发育水平、体质状况以及运动训练水平。一般来说，在体质健康测评中，最常用于测量个体身体循环机能的测量指标是脉搏和血压。

在大学生体质健康测试中，对大学生脉搏和血压的测量主要目的在于了解其机体运动前后心血管系统的变化规律、特点。一般采用台阶试验测量。台阶试验是一项定量负荷机能试验，可以间接推断机体的耐力。该试验主要是通过有节律的登台阶运动持续时间（秒）与规定的脉搏次数的比值评定个体的心血管机能水平，一般来说，指数越大，说明心血管机能水平越高。

对心血管机能进行测评主要有一次负荷试验和联合技能试验两种。

1. 一次负荷试验

（1）台阶试验

测试仪器：电子台阶试验仪（含节拍器），台阶高度为：男子 50

厘米，女子 42 厘米。

测试方法：

①受试者站立在台阶前方，按照节拍器发出的 30 次分频率的提示音上、下台阶。当受试者听到第一声响时，一只脚踏在台子上；当受试者听到第 2 声响时踏台腿伸直，另一只脚跟上台上站立；当受试者听到第 3 声响时，先踏上台的脚下来；当受试者听到第 4 声响时，另一只脚下地，还原成预备姿势。如此连续做 3 分钟。

②运动完毕后，令受试者立刻静坐在椅子上，将测试仪的指脉夹夹在受试者的中指前方，测试仪将自动采集受试者的三次脉搏数；人工测试脉搏时，记录受试者在测试运动停止后 1 分到 1 分半钟、2 分到 2 分半钟、3 分到 3 分半钟的三次脉搏数。

③整个测试结束后，测试者将运动时间及受试者的三次心率值填入卡片。

④如果受试者无法坚持做完运动，或在运动中跟不上频率三次者，测试人员应立即停止受试者运动，然后以同样方法测取受试者的三次脉搏数并记录。

注意事项：

①测试前，受试者不得从事任何剧烈活动。心脏功能不良或有不同程度心脏疾患者，不能进行此项测试。

②受试者必须严格按照节拍器的节奏完成上、下台阶运动。

③受试者每次登上台阶，腿都应伸直，膝关节不得弯曲。

④测试人员必须严格按照测试方法的要求准时、准确地记录受试者的三次 30 秒的脉搏数。

⑤测试人员在仪器测试脉搏时应经常用手号脉，与测试仪器进行对比，如果 10 次脉搏误差超过两次的可视为仪器不准，及时改用人工测试方法。

台阶试验评价计算公式：

$$台阶指数=\frac{运动持续时间(秒)\times 100}{(f_1+f_2+f_3)\times 2}$$

(2)30 秒 20 次蹲起

测试仪器：脉搏器(也可手测)；秒表一块。

测试方法:让受测者静坐10分钟,测量安静时心率和血压,然后令其30秒匀速蹲起20次。蹲起至20次结束后立即测10秒的脉搏,紧接着在后50秒内测血压。如此连续测3分钟。

注意事项:

①下蹲时足跟不离地,两膝要深屈,两上肢前平举。

②起立时恢复站立时姿势。

测试评价:如果负荷后脉搏上升不多,血压中等升高,3分钟内血压、脉率基本恢复到安静时水平,那么就说明实验者的心血管机能良好;如果负荷后脉搏明显上升,血压上升不明显或明显,3分钟内脉搏和血压均未恢复到安静时水平,那么就说明实验者的心血管机能较差。

(3)原地15秒快跑

测试仪器:血压计、秒表。

测试方法:首先测定受试者处于安静状态下的脉搏和血压,然后令其以100米赛跑的速度原地跑15秒后,立即测10秒的脉搏,紧接着在后50秒内测血压。连续测试4分钟。

注意事项:

①跑步结束后立即测试受试者的脉搏。

②跑动过程中应严格按照100米赛跑的速度跑动。

测试评价:以负荷后心率和血压升降幅度及其恢复时间为主要依据进行测定。通常情况下,测定的结果有五种类型,即正常反应、紧张性增高反应、梯形反应、紧张性不全反应和无力性反应。测试过程中要以具体情况为主要依据来做出具体分析,在评定试验结果时,要通过多次重复测定才能做出结论。

2. 联合机能试验

联合机能试验是由三部分组成的,即原地高抬腿跑、30秒20次蹲起和15秒快跑。负荷强度大,试验时间长。

测试仪器:血压计、心率检测器、秒表。

测试方法:先按一次负荷试验的方法,测量安静时的心率和血压，接着按顺序做三个一次负荷试验。具体的试验方法如下。

(1)原地慢跑 3 分钟(男)或 2 分钟(女)，速度为每分钟 180 步。跑后测量 5 分钟恢复期心率和血压。

(2)30 秒 20 次蹲起做完后测量恢复期的心率和血压，共测 3 分钟。

(3)15 秒原地快跑要求以百米赛跑进行，跑后测量恢复期心率和血压，共测 4 分钟。

测试评价：参照 15 秒快跑一次负荷试验的五种反应类型来对心血管系统机能的水平进行评定。

(二)呼吸机能测评

呼吸是人体的基本生理功能之一，其主要作用是排出体内的二氧化碳，吸入氧气。在体质健康测量中，对个体呼吸机能的测量与评价主要是肺活量。

1. 肺活量测试

肺活量是指个体最大吸气之后，再做最大呼气时所排出的气量。其大小反映了肺的容积和呼吸机能的潜力。肺活量受遗传的因素较小，遗传度仅为 30%，可通过后天的训练而改变。因此，在青少年儿童选材中对肺活量的测量可放宽要求，只要处于正常值便可。一般的，肺活量与年龄呈正相关关系。

测试仪器：肺活量计(0～10 000 毫升)。

测试方法：受试者面对肺活量计站立，先做一两次深呼吸，再吸一口气后将气尽量呼出，直到不能再呼气为止。测量 3 次，取最大值。呼气时要保持身体直立，不许弯腰和换气。测量肺活量用的吹嘴要消毒，一个吹嘴只能允许一人使用。根据相关调查得知，我国男子肺活量正常值约为 3 500～4 000 毫升，女子约为 3 000~3 500 毫升。

注意事项：

(1)肺活量计，使用前必须进行检验，仪器误差不得超过 2%。

(2)测试前应详细讲解测试方法,必要时应做示范,受试者可试吹一次。

(3)受试者吸气和呼气均应充分,呼气不可过猛,防止因呼吸不充分、漏气,特别要防止用鼻子反复吸气影响测试结果。

(4)测试必须用一次性吹嘴。如不能实现应在下一测试者使用前进行严格的消毒。

(5)对个别始终不能掌握测试方法和要领的受试者,要在记录数字旁注明,不予统计。

测试评价:肺活量越大者,说明呼吸机能越好。

2. 5次肺活量试验

测试仪器:肺活量计(0～10 000毫升)。

测试方法:连续测试5次肺活量,每次间隔15秒(包括吹气时间在内),记录各次测试的结果。

注意事项:同肺活量测试。

测试评价:测试完后统计结果,如果各次肺活量值基本相同或逐次增加,那么说明测试者的呼吸机能良好。如果5次结果逐渐下降,尤其是最后两次明显下降,那么就说明测试者机能不良(如机体疲劳、有病等)。

3. 肺活量运动负荷试验

测试仪器:肺活量计(0～10 000毫升)。

测试方法:先测安静状态下的肺活量,然后作定量负荷(如30秒20次蹲起、1分钟台阶试验或3分钟原地高抬腿跑等),运动后立即测肺活量,每分钟一次,共测5次,记录结果。

注意事项:同肺活量测试。

测试评价:负荷后的5次肺活量结果逐渐增大或保持安静,那么就说明测试者机能良好;如果运动后的5次结果逐渐下降,到第5分钟仍未恢复到负荷前水平,那么就说明系统机能不良。

4. 屏气试验

测量受测者深吸气(或深呼气)后的屏气时间的试验,就是所谓的屏气试验。

测试仪器:秒表。

测试方法:试验前先令受测者安静休息,自然呼吸,当听到"开始"的口令,受测者做一次深吸气(或深呼气)后立即屏气(为防止漏气可用手捏住鼻子),同时开始用秒表计时,直至不能再屏气为止,记录下测试的时间。根据相关调查得知,深吸气的屏气时间,一般来说,我国健康男子为35～45秒,女子为25～35秒。深呼气后的屏气时间,一般健康男子为20～30秒,女子为15～25秒。

测试评价:一般来说,屏气时间越长,对缺氧的耐受能力和碱储备水平就越高。

5. 重复屏气试验

测试仪器:秒表。

测试方法:连续测量受测者3次屏气的时间,每次间隔45秒。

测试评价:如果重复测量的屏气时间逐次延长,表示呼吸循环系统的机能水平高。延长的时间越长,表示机能水平越好,否则,就说明机能水平差。

(三)感觉机能测评

感觉是神经系统对外界刺激的直接反应,是个体从事体育运动的重要物质基础,一般来说,个体的感知觉越精细,动作越协调,动作的灵敏度越高。因此,感知觉功能的好坏直接直接影响运动者的运动水平和成绩。个体的感觉具体可分为外部感觉(如听觉、皮肤感觉等)和内部感觉(如运动觉、平衡觉、机体觉等)两种。这里重点分析以下几种。

1. 视觉

视觉在一定程度上受遗传因素影响，色盲为单基因遗传，与生俱来。运动对运动者的视觉要求较高，视觉也是运动选材的重要指标之一，通常，教练员要考虑运动项目对运动员的视力有一定的要求，还要充分考虑运动员的立体视觉。立体视觉是一个反映远距离视觉平衡能力的指标，以球类运动为例，它对运动员精细、准确地判断人与球的空间关系和距离具有重要作用。

2. 动作频率感觉

动作频率感觉是反应个体摆臂与抬腿的动作频率感及最高动作频率的重要指标。测试动作频率感觉时要注意记录摆臂、摆腿的最高频率及复制误差，一般来说，频率越高，误差越小，说明运动员的动作频率感越强。

3. 臂、腿动觉

臂、腿动觉可反应个体臂、腿本体感觉的准确性，拥有良好的本体感觉对大学生学习运动技术技能有着非常重要的作用，本体感觉越准确越有助于运动水平和技术技能水平的提高。

通过对大学生的感觉机能测量，可使大学生体验到在身体练习中如何更快地掌握不同运动项目的技术，有助于提高大学生相应动作技术的运用质量。

以单脚支撑维持身体平衡测量为例，测评方法具体如下。

测试仪器：闭眼单脚站立测试仪。

测试方法：受试者以优势单脚支撑，另一脚置于支撑腿膝部内侧，两手侧平举。在受试者非支撑腿离地的瞬间开始计时。受试者尽可能保持长时间平衡姿势。如果受试者非支撑脚触地，即刻停表。受试者计算闭眼单脚站立维持平衡的时间。测量两次。

测试评价：取两次测试中的最佳值，记录测验成绩，具体评价标准参考表 8-5。

表 8-5　闭眼单脚站立测验评价标准　　　　（单位:秒）

性别	年龄(岁)	P_{10}	P_{25}	P_{50}	P_{75}	P_{90}	P_{97}
男	20—24	6.0	13.0	27.0	59.0	99.0	150.0
	25—29	5.0	11.0	24.0	49.0	86.0	143.0
	30—34	5.0	10.0	20.0	42.0	75.0	125.0
女	20—24	6.0	12.0	25.0	53.0	97.0	150.0
	25—29	5.0	10.0	22.0	46.0	84.4	148.0
	30—34	5.0	9.0	19.0	40.0	73.0	128.0

第三节　身体素质的测量与评定

一、身体素质概述

身体素质,又称"运动素质",是个体在运动过程中表现出来的各种身体能力,主要包括力量素质、速度素质、耐力素质、柔韧素质以及灵敏素质,运动素质主要受先天遗传的影响,但通过后天训练,可以获得明显的改善。

二、身体素质的测评内容

(一)力量素质测评

关于力量素质,张英波认为:力量素质具体是指人体—肌肉系统工作时克服或对抗阻力的能力。[①] 肌肉力量是人们完成各种动作的动力来源。如果一个人丧失了肌肉活动的力量,那么他的

① 张英波．现代体能训练方法[M]. 北京:北京体育大学出版社,2006.

各种社会活动将会受到极大的限制，其日常生活甚至将无法自理。当人们参与体育运动锻炼时，就会借助机体的肌肉力量进行，而这些特殊的肌肉力量能力是通过运动训练获得的。对所有运动项目来说，力量素质都是最基本的身体素质，它是掌握运动技能、技巧以及提高运动成绩的最重要的基础。

一般来说，对于大学生基础力量素质的测评主要通过以下方法进行，即原地纵跳摸高（反映下肢伸肌特别是膝关节伸肌和足跖屈肌垂直向上跳起的爆发力指标）、立定跳远（测评下肢肌特别是膝关节伸肌和足屈肌向前跳的爆发力指标，同时也能反映一定的灵敏性）、握力和屈膝仰卧起坐，这里重点介绍后两种力量测试方法。

1. 握力测试

研究表明，握力与其全身力量密切相关，它能够间接反映一个人的健康状况，握力增长或维持在较高的水平时，健康状况就好，握力下降时健康状况就不好。因此，《学生体质健康标准》中将握力列入测试项目。

测试仪器：受试者根据自己手掌的大小选择握力计（型号为大、中、小）。

测试方法：受试者选择适宜的握力计，用左（或右）手持握力计尽力抓握，左、右手各测两次。

注意事项：测验时身体保持正直，双臂自然下垂。

测试评价：每次抓握后，记录握力计指针读数（千克）。

(1)握力单一评价（百分位数）。

(2)握力指数评价。有研究表明，握力与体重的大小有关，身材魁梧的人与瘦小的人相比，握力有着很大的差异，为了公平起见，可采用了握力体重指数进行评分。握力体重指数反映的是肌肉的相对力量，即每千克体重的握力。握力主要反映人前臂和手部肌肉的力量，同时也与其他肌群的力量有关，而且还是反映肌肉总体力量的一个很好的指标。

2. 屈膝仰卧起坐测试

仰卧起坐可以有效地测试出个体的腹肌力量和耐力。测试方法简单易行，多年来一直在高校大学生体育锻炼和体质测验中备受重视。对于女生而言，良好的腰腹肌力量对她们将来在生育等方面有着十分重要的作用。

测试仪器：电子测试仪。

测试方法：

(1)受试者全身仰卧于铺放平坦的软垫上，两腿稍分开，屈膝成90°左右，两手指交叉抱头贴于脑后。同伴压住受试者两侧踝关节处，以固定下肢。受试者仰卧时两肩胛必须触垫、起坐时两肘关节触及或超过双膝为完成一次。

(2)测试人员发出“开始”口令的同时开表计时，记录一分钟内受试者完成的次数。

(3)一分钟时间结束时，受试者虽已坐起但两肘关节未触及或超过双膝关节者不计该次数。计数填入方格内。

注意事项：

(1)测试过程中，如发现受试者借用肘部撑垫或臀部上挺的力量完成起坐时，不记该次仰卧起坐的成绩。

(2)测试过程中，测试人员或负责计数人员要随时向受试者报告完成的次数。

(3)受测者双脚必须放于垫上，并由同伴固定。

测试评价：规定时间内完成仰卧起坐次数多者腰腹能力较好。

(二)速度素质测评

速度素质是人体素质中十分重要的一项，主要包括三个方面，即快速完成动作的能力、快速经过规定某种距离的能力、对外界刺激或各种应激反应的快速判断能力。简单地说这三方面的表现形式可以表述为动作速度、周期性运动中的位移速度和反应速度。

1. 反应速度测评

反应速度与人体神经系统反应速度与肌肉系统的骨骼肌纤维的类型有密切关系，受遗传因素的影响较大，遗传度高达 75%以上，通过后天训练不易被改变。反应速度的测试可通过简单反应时测试进行。

测试仪器：电子测试仪。

测试方法：受测者坐在仪器前，面对信号盒。测试人员发出预备口令时，受测者注意信号盒，准备对刺激(灯光或声音)做出按键反应。一旦看到信号灯，就立即做出按键反应。视、听反应各测 5～10 次，求平均数，以毫秒为单位。

注意事项：测试人员呈现信号时间不宜过长，一般是约 2 秒钟后呈现，不能让受试者等过久。

测试评价：反应时越短越好。

2. 动作速度测评

个体的动作速度的快慢是测试速度素质的重要指标。测定动作速度需要配备专门的仪器，如无专门仪器测试，可让受测者在一个较短的规定时间内，连续反复做一个动作，记录下在规定时间内的动作次数，就可以测出动作速度。规定时间不宜过长，一般在 10～30 秒钟之间，这样就可以排除速度耐力和力量耐力等其他因素的影响，正确测算出个体的动作速度。

目前，常用的动作速度测评方法主要有 10 秒原地高抬腿跑等速度和频率测试、某一规定姿势拳击击打速度和频率测试、手指摆动"指频仪测试等，这些测试均可反映神经系统发放速度的快慢和完成动作速度和频率问题。

3. 位移速度测评

位移速度受遗传因素的影响较大，后天训练不易改变，通常用测50米跑成绩的方法来判断大学生的位移速度。

（三）耐力素质测评

耐力素质是指个体克服工作过程中所产生疲劳的能力。它是人体身体素质的重要组成部分之一，是体现个体的健康水平或体质强弱的重要标志。任何一个体育运动项目都需要运动者具备相应的耐力素质。运动生理学研究认为，疲劳是由于机体在长时间工作中而引起的工作能力暂时性的降低，其表现为工作较困难或者完全不能继续按照以前的强度工作。因此，运动者克服疲劳的能力，客观真实地反映了他的耐力水平。

耐力素质的常用测试方法具体如下。

1. 定距离计时跑

（1）400米（50米×8次往返）跑：测试时可多人同时进行，将所有受测者分为3～4人一组，采用站立式起跑，听到口令后开始起跑，往返8次。往返跑时逆时针绕过杆竿。受测者穿跑鞋，跑时不得碰竿、扶竿和串道。测试人员发出起跑口令时，计时者开表计时，受测者胸部到达终点时停表。用时越短则说明耐力素质越好。

（2）800米跑、1 500米跑：测试时可多人同时进行，将所有受测者分为3～4人为一组，采用站立式起跑，听到测试人员口令后立即起跑，直至跑完全程。受试者跑完后，不要马上停止或坐下，以免发生意外伤害事故。测试人员发出起跑口令时，计时者开表计时，受测者胸部到达终点时停表。用时越短则说明耐力素质越好。

2. 定时计距离跑

定时计距离跑具体是指在规定时间内尽可能跑较长的距离。常用的测试方法有9分钟跑、12分钟跑、15分钟跑等。测试时，受测者站立在起跑线后，听到发令者的发令后，以最快的速度坚持跑9分钟(12分钟或15分钟),由计时者记录受测者在9分钟(12分钟或15分钟)跑过的距离。记录以米为单位,不计小数。规定时间内跑进距离越长则说明耐力素质越好。

(四)柔韧素质测评

柔韧素质主要体现的是关节活动幅度的大小和跨过关节的肌肉、肌腱、韧带等软组织的伸展性。这两个方面对柔韧水平的影响非常大。其中,决定关节的活动幅度的主要因素是关节本身的装置结构;跨过关节的肌肉、肌腱、韧带等软组织的伸展性,柔韧素质受遗传因素影响较大,但可以通过后天的训练得到改善。

大学生柔韧素质的测试方法有很多,这里重点介绍足、髋柔韧性的测试方法,具体如下。

1. 足关节背屈角度测试

测试仪器:关节活动度测角规(测角器)。

测试方法:测试时,选择一块较平整的墙壁,准备一个测角规。测试开始后,受测者面墙而立,脚跟着地,身体前倾,日平视,直臂撑墙,掌心贴紧墙面,脚与墙之间的水平距离尽可能延长,身体保持正直,测角规一根尺面与地面、足底平行,一根尺面与腓骨平行。测试人员读取和记录两腿测角规(腓骨与地面间)背屈角度数值,得出平均值。

注意事项:测试过程中,两膝伸直,脚跟不得离地。

测试评价:背屈度数越小越好。

2. 足关节跖屈角度

测试仪器:测角规。

测试方法:受测者赤足坐在地上,先尽量伸直右腿,用力蹦直足背,测角规一根尺面与腓骨平行,一根尺面与足背最高处(即:第二跖骨最高处)平行,上体正直稍后仰,双手撑地,保持身体平衡,测试人员分别记录两腿(外踝尖延伸至腓骨头)跖屈数值,取其平均值。

注意事项：测试中，受试者的腿应尽力伸直。

测试评价：夹角度数越大越好。

3. 髋关节柔韧性

测试仪器：直尺或软尺。

测试方法：受测者两腿前后或左右分开，尽量使双腿劈叉到最大限度，两腿尽量向远离身体方向伸出，使双腿分叉处接近地面。测量股骨大转子尖至地面的离地面的垂直距离。

注意事项：尽量使双腿分叉接近地面，但应注意不要拉伤肌肉。

测试评价：纵横劈叉距离越短，说明髋关节柔韧性越好。

（五）灵敏素质测评

灵敏是一种综合素质，常用的测试灵敏素质的方法主要有以下几种。

（1）立卧撑：测量迅速、准确、协调地变换身体姿势的能力。测试时，受测者取立正姿势，听到测试人员“开始”的口令后，双手于脚尖 15 厘米处扶地成蹲撑，双腿向后伸直成俯撑，再收腿成蹲撑，然后还原成立正姿势，即为完成一次动作。开始和结束部分时的身体必须呈立正姿势，背和腿伸直。受试者需连续做立卧撑 10 秒钟，测试人员记录受试者合格的立卧撑动作的次数。

（2）反复横跨：在平坦地面上画一条中线，在中线两侧各画一条平行线，平行线与中线的距离为 120 厘米。测试时，受测者两脚跨中线站立，膝微屈。听到测试人员的“开始”的口令后，单脚跨越横线，双脚落地，先跨右侧平行线，然后跨回中线，再跨左侧平行线，接着又跨回中线，往复进行 20 秒钟。测试人员记录受试者横跨次数。单位时间内横跨次数越多，说明身体灵敏性越好。

（3）12 分钟跑（米）：测试开始后，受试者以站立的姿势起跑，绕跑道跑 12 分钟。当听到测试人员“停跑”的命令后，计下受试者所处的地点，然后测量其距离并记录成绩。

(4)立定跳远(厘米):在进行测量时,学生脚尖不得踩线,不得有垫步连跳动作。受试者每人试跳3次,记录其最好成绩。

第四节 《国家学生体质健康标准》

一、《国家学生体质健康标准》实行意义

《国家学生体质健康标准》是由我国教育部印发的,是当前评价学生基本素质的重要依据,同时,在具体教学实施过程中,它是我国学生的体质健康方面提出了基本的要求,是评价学校体育教学工作的指导性文件。

《国家学生体质健康标准》以贯彻落实健康第一的指导思想为原则,其目的主要在于促进我国学生积极参加体育锻炼,并养成积极进行体育锻炼的习惯,其可靠性、有效性和客观性、可操作性也得到了学界的认可。

实践表明,贯彻执行《国家学生体质健康标准》能够促进学生体质健康的发展,是促进学生进行体育锻炼的重要教育手段。其所选用的各项指标与身体健康状况关系密切,能够真实反映学生的体质健康状况。通过实施《国家学生体质健康标准》,能够加强学生影响其身体健康的各项因素深入认识和理解,从而使其更加积极的追求身体的健康状态,实现各级各类学校的体育教学目标。

此外,现阶段通过实施《国家学生体质健康标准》,其所得的各项指标数据在经过教育行政部门审核后会上传至“国家学生体质健康标准数据管理系统”。实施《国家学生体质健康标准》能够对学生的体质健康形成一定的信息反馈,通过对这些数据进行统计分析,不仅能够使得学生更好地了解自己的健康状况以及变化,相关的教育部门和学校也能根据这些数据及时、全面了解学生的体质健康状况,并针对学生相应的体质健康问题采取有针对

性的相关政策与措施，保障和促进学生的体质健康状况。

二、《国家学生体质健康标准》测评内容

《国家学生体质健康标准》对不同年龄阶段的学生的体质健康方面提出了基本要求，构成了我国学生体质健康测评的标准体系。当前，《国家学生体质健康标准》(2014 年修订版)测量的内容包括身体形态、身体机能以及身体素质等方面。具体而言，其各项测量项目涉及身体形态和身体成分、心血管系统功能、肌肉力量和耐力以及身体的柔韧性等四个方面。

根据我国 2014 年修订的《国家学生体质健康标准》的有关内容，大学生的各项体质健康测量指标如表 8-6 所示。

表 8-6　大学生体质健康测量指标与权重①

单项指标	权重(%)
体重指数(BMI)	15
肺活量	15
50 米跑	20
坐位体前屈	10
立定跳远	10
引体向上(男)/1 分钟仰卧起坐	10
1 000 米跑(男)/800 米跑(女)	20

注：体重指数(BMI)＝体重(千克)/身高^2(米^2)。

为了保证学生体质健康测量的科学性、准确性，测量过程中应尽可能地使误差降到最低，同时应通过严格执行操作规范和进行多次测量以有效消除各项误差。为了实现对学生体质健康测量数据的高效、有序管理，一般采用图表的形式记录数据，并通过计算机进行存储、分析和整理。

① 教育部.《国家学生体质健康标准(2014 年修定)》.

三、《国家学生体质健康标准》指标综述

（一）体质健康评价指标层次

《国家学生体质健康标准》适用于全日制普通小学、初中、普通高中、中等职业学校、普通高等学校的学生，对不同年龄段的学生设置了多种测试项目，与我国的学生体质健康实际情况相符，并在实践中不断改善和提高。

根据测试对象的不同，《国家学生体质健康标准》测试的各项指标也有所不同。其中体重指数（BMI）和肺活量是小学阶段到大学阶段的学生都要进行测量的项目。另外，处于不同教育阶段的学生的测试指标有所差异，具体如下。

（1）小学阶段：小学一、二年级的测量项目还包括：50 米跑、坐位体前屈和 1 分钟跳绳；小学三、四年级的测量项目则在一、二年级的基础上增加了 1 分钟仰卧起坐；小学五、六年级则在三、四年级的基础上增加了 50 米×8 往返跑。

（2）其他教育阶段：初中、高中、大学各年级的学生的测量项目包括：50 米跑、坐位体前屈、立定跳远、引体向上（男）/1 分钟仰卧起坐（女）、1 000 米跑（男）/800 米跑（女）。

（二）体质健康评价指标操作

评价学生的体质健康状况，具体应根据学生的年龄和性别特征选择相应的测试项目。在测试结束后对学生的测试结果进行评价，首先是对各单项成绩和等级的评定，然后在此基础上得到某学生的体质健康总得分，测试和评价最终以得分的形式展现。研究人员根据测评结果对学生的身体健康素质现状进行分析，为学生进行锻炼目标的设定和自我评价提供参考依据。

以高校大学生为体质健康测试对象，其体质健康评价指标及其操作一般涉及以下几种。

1. 体重指数测量

通过体重指数测量，能够评定学生身体的匀称度，并且在一定程度上反映了学生的营养状况。我国健康成年人的体质指数一般在 18.5～23.9 之间，如果低于 18.5，则为消瘦；体重指数在 24～28 之间则为“超重”（表 8-2）。

2. 肺活量测量

肺活量即为在一次尽力吸气后，再尽力呼出的气体总量。它在反映学生肺一次最大的机能活动量。肺活量测试的计算公式为：肺活量＝潮气量＋补吸气量＋补呼气量。

肺活量的测试及评价已经在本章第二节详细介绍，这里不再赘述。

3. 50 米跑测量

50 米跑是国际通用的位移速度测试项目，主要用于测试学生的速度素质，此外，该项测试还能够体现学生的快速反应能力。在测试时，应以秒为单位，保留 1 位小数，当小数点后第二位数非“0”时，则进 1，如 8.03 秒，则记为 8.1 秒。

4. 坐位体前屈测量

坐位体前屈测量主要用于测试大学生的柔韧素质。在测试时，要求学生赤足坐于垫上，两腿伸直，脚尖分开 10～15 厘米。测试过程中，膝盖不能弯曲。

5. 立定跳远测量

立定跳远操作简单，且能有效反映个体的下肢肌肉力量以及身体工作的协调能力。一般在沙坑测量，有条件的学校可用立定跳远测量仪进行测量。

6. 引体向上和仰卧起坐测量

引体向上主要适用于高校男生，目的在于测量高校男生上肢悬垂力量、肩部力量、握力以及耐力。

仰卧起坐主要适用于高校女生，记录一分钟内完成的数量作为具体的测评标准。

7. 1 000 米和 800 米跑测量

通过 1 000 米跑（适用于高校男生）、800 米跑（适用于高校女生），能够测试学生的耐力素质的发展水平，包括其心血管呼吸系统的机能以及肌肉的耐力水平。

测量之前，学生应做好相应的准备活动，使机体处于最佳的状态。测量过程中时，一般采用站立式起跑方式，并采用匀速跑的形式跑完全程。学校在开展 1 000 米和 800 米跑测量工作时，应尽量避免在大风天气情况下进行。

四、《国家学生体质健康标准》评分标准

（一）大学生单项指标评分标准

根据《国家学生体质健康标准》的相关内容，在对高校大学生各项指标进行测量和统计的基础之上，参考各项评分表对学生的体质健康状况进行评分。评分标准分为七大项，具体参考表 8-7、表 8-8、表 8-9、表 8-10、表 8-11、表 8-12、表 8-13。

表 8-7　大学生体重指数(BMI)单项评分表(单位:千克/米²)

等级	单项得分	男生	女生
正常	100	17.9～23.9	17.2～23.9
低体重	80	≤17.8	≤17.1
超重		24.0～27.9	24.0～27.9
肥胖	60	≥28.0	≥28.0

表 8-8　大学生肺活量单项评分表(单位:毫升)

等级	单项得分	男生		女生	
		大一大二	大三大四	大一大二	大三大四
优秀	100	5 040	5 140	3 400	3 450
	95	4 920	5 020	3 350	3 400
	90	4 800	4 900	3 300	3 350
良好	85	4 550	4 650	3 150	3 200
	80	4 300	4 400	3 000	3 050
及格	78	4 180	4 280	2 900	2 950
	76	4 060	4 160	2 800	2 850
	74	3 940	4 040	2 700	2 750
	72	3 820	3 920	2 600	2 650
	70	3 700	3 800	2 500	2 550
	68	3 580	3 680	2 400	2 450
	66	3 460	3 560	2 300	2 350
	64	3 340	3 440	2 200	2 250
	62	3 220	3 320	2 100	2 150
	60	3 100	3 200	2 000	2 050
不及格	50	2 940	3 030	1 960	2 010
	40	2 780	2 860	1 920	1 970
	30	2 620	2 690	1 880	1 930
	20	2 460	2 520	1 840	1 890
	10	2 300	2 350	1 800	1 850

表 8-9　大学生 50 米跑单项评分表(单位:秒)

等级	单项得分	男生		女生	
		大一大二	大三大四	大一大二	大三大四
优秀	100	6.7	6.6	7.5	7.4
	95	6.8	6.7	7.6	7.5
	90	6.9	6.8	7.7	7.6

续表

等级	单项得分	男生		女生	
		大一大二	大三大四	大一大二	大三大四
良好	85	7.0	6.9	8.0	7.9
	80	7.1	7.0	8.3	8.2
及格	78	7.3	7.2	8.5	8.4
	76	7.5	7.4	8.7	8.6
	74	7.7	7.6	8.9	8.8
	72	7.9	7.8	9.1	9.0
	70	8.1	8.0	9.3	9.2
	68	8.3	8.2	9.5	9.4
	66	8.5	8.4	9.7	9.6
	64	8.7	8.6	9.9	9.8
	62	8.9	8.8	10.1	10.0
	60	9.1	9.0	10.3	10.2
不及格	50	9.3	9.2	10.5	10.4
	40	9.5	9.4	10.7	10.6
	30	9.7	9.6	10.9	10.8
	20	9.9	9.8	11.1	11.0
	10	10.1	10.0	11.3	11.2

表 8-10　大学生坐位体前屈单项评分表(单位:厘米)

等级	单项得分	男生		女生	
		大一大二	大三大四	大一大二	大三大四
优秀	100	24.9	25.1	25.8	26.3
	95	23.1	23.3	24.0	24.4
	90	21.3	21.5	22.2	22.4
良好	85	19.5	19.9	20.6	21.0
	80	17.7	18.2	19.0	19.5

续表

等级	单项得分	男生		女生	
		大一大二	大三大四	大一大二	大三大四
及格	78	16.3	16.8	17.7	18.2
	76	14.9	15.4	16.4	16.9
	74	13.5	14.0	15.1	15.6
	72	12.1	12.6	13.8	14.3
	70	10.7	11.2	12.5	13.0
	68	9.3	9.8	11.2	11.7
	66	7.9	8.4	9.9	10.4
	64	6.5	7.0	8.6	9.1
	62	5.1	5.6	7.3	7.8
	60	3.7	4.2	6.0	6.5
不及格	50	2.7	3.2	5.2	5.7
	40	1.7	2.2	4.4	4.9
	30	0.7	1.2	3.6	4.1
	20	−0.3	0.2	2.8	3.3
	10	−1.3	−0.8	2.0	2.5

表 8-11　大学生立定跳远单项评分表(单位:厘米)

等级	单项得分	男生		女生	
		大一大二	大三大四	大一大二	大三大四
优秀	100	273	275	207	208
	95	268	270	201	202
	90	263	265	195	196
良好	85	256	258	188	189
	80	248	250	181	182

续表

等级	单项得分	男生		女生	
		大一大二	大三大四	大一大二	大三大四
及格	78	244	246	178	179
	76	240	242	175	176
	74	236	238	172	173
	72	232	234	169	170
	70	228	230	166	167
	68	224	226	163	164
	66	220	222	160	161
	64	216	218	157	158
	62	212	214	154	155
	60	208	210	151	152
不及格	50	203	205	146	147
	40	198	200	141	142
	30	193	195	136	137
	20	188	190	131	132
	10	183	185	126	127

表 8-12　大学生引体向上(一分钟仰卧起坐)单项评分表(单位:次)

等级	单项得分	男生		女生	
		引体向上		仰卧起坐	
		大一大二	大三大四	大一大二	大三大四
优秀	100	19	20	56	57
	95	18	19	54	55
	90	17	18	52	53
良好	85	16	17	49	50
	80	15	16	46	47

续表

等级	单项得分	男生		女生	
		引体向上		仰卧起坐	
		大一大二	大三大四	大一大二	大三大四
及格	78			44	45
	76	14	15	42	43
	74			40	41
	72	13	14	38	39
	70			36	37
	68	12	13	34	35
	66			32	33
	64	11	12	30	31
	62			28	29
	60	10	11	26	27
不及格	50	9	10	24	25
	40	8	9	22	23
	30	7	8	20	21
	20	6	7	18	19
	10	5	6	16	17

表 8-13　大学生耐力跑单项评分表(单位:分・秒)

等级	单项得分	男生		女生	
		1 000 米		800 米	
		大一大二	大三大四	大一大二	大三大四
优秀	100	3′17″	3′15″	3′18″	3′16″
	95	3′22″	3′20″	3′24″	3′22″
	90	3′27″	3′25″	3′30″	3′28″
良好	85	3′34″	3′32″	3′37″	3′35″
	80	3′42″	3′40″	3′44″	3′42″

续表

等级	单项得分	男生		女生	
		1 000 米		800 米	
		大一大二	大三大四	大一大二	大三大四
及格	78	3′47″	3′45″	3′49″	3′47″
	76	3′52″	3′50″	3′54″	3′52″
	74	3′57″	3′55″	3′59″	3′57″
	72	4′02″	4′00″	4′04″	4′02″
	70	4′07″	4′05″	4′09″	4′07″
	68	4′12″	4′10″	4′14″	4′12″
	66	4′17″	4′15″	4′19″	4′17″
	64	4′22″	4′20″	4′24″	4′22″
	62	4′27″	4′25″	4′29″	4′27″
	60	4′32″	4′30″	4′34″	4′32″
不及格	50	4′52″	4′50″	4′44″	4′42″
	40	5′12″	5′10″	4′54″	4′52″
	30	5′32″	5′30″	5′04″	5′02″
	20	5′52″	5′50″	5′14″	5′12″
	10	6′12″	6′10″	5′24″	5′22″

（二）大学生加分指标评分标准

高校大学生体质健康加分指标评分内容及标准具体参考表8-14、表8-15。

表 8-14 大学男生加分指标评分表

加分	引体向上（次）		1 000 米跑（分·秒）	
	大一大二	大三大四	大一大二	大三大四
10	10	10	−35″	−35″
9	9	9	−32″	−32″
8	8	8	−29″	−29″

续表

加分	引体向上(次)		1 000 米跑(分·秒)	
	大一大二	大三大四	大一大二	大三大四
7	7	7	−26″	−26″
6	6	6	−23″	−23″
5	5	5	−20″	−20″
4	4	4	−16″	−16″
3	3	3	−12″	−12″
2	2	2	−8″	−8″
1	1	1	−4″	−4″

注:引体向上为高优指标,学生成绩超过单项评分 100 分后,以超过的次数所对应的分数进行加分。1 000 米跑为低优指标,学生成绩低于单项评分 100 分后,以减少的秒数所对应的分数进行加分。

表 8-15　大学女生加分指标评分表

加分	一分钟仰卧起坐(次)		800 米跑(分·秒)	
	大一大二	大三大四	大一大二	大三大四
10	13	13	−50″	−50″
9	12	12	−45″	−45″
8	11	11	−40″	−40″
7	10	10	−35″	−35″
6	9	9	−30″	−30″
5	8	8	−25″	−25″
4	7	7	−20″	−20″
3	6	6	−15″	−15″
2	4	4	−10″	−10″
1	2	2	−5″	−5″

注:一分钟仰卧起坐为高优指标,学生成绩超过单项评分 100 分后,以超过的次数所对应的分数进行加分。800 米跑为低优指标,学生成绩低于单项评分 100 分后,以减少的秒数所对应的分数进行加分。

参考文献

[1]吕荷莉.大学生形体与体质健康评价[M].杭州:浙江大学出版社,2014.

[2]李建臣,任保国.青少年体能锻炼与体质健康[M].北京:化学工业出版社,2014.

[3]张燕.大学生体质与健康的理论和实践研究[M].武汉:武汉大学出版社,2014.

[4]米春娟.大学生体质健康与运动保健研究[M].北京:中国时代经济出版社,2014.

[5]刘星亮.体质健康概论[M].武汉:中国地质大学出版社,2010.

[6]陈碧述.现代运动健身指导[M].西安:西安地图出版社,2009.

[7]国家体育总局.运动健身指南[M].北京:人民体育出版社,2011.

[8]刘胜,张先松,贾鹏.健身原理与方法[M].武汉:中国地质大学出版社,2010.

[9]黄华清.运动与健身[M].武汉:华中科技大学出版社,2006.

[10]闫立新.大学生体质测试指导与测试分析研究[M].北京:知识产权出版社,2013.

[11]何仲恺.体质与健康关系的理论与实证研究[M].北京:北京体育大学出版社,2009.

[12]杨继华.体育保健与养生[M].哈尔滨:哈尔滨地图出版社,2007.

[13]吕高飞.体育与健康基础理论教程[M].北京:清华大学出版社,2006.

[14]唐健.大学体育与健康[M].南京:东南大学出版社,2005.

[15]刘永祥.健康体育与养生保健[M].北京:北京体育大学出版社,2006.

[16]郑厚成.现代体育与健康文化导论[M].北京:高等教育出版社,2006.

[17]黄艳美.体育与健康[M].广州:广东高等教育出版社,2005.

[18]尹士优.健身体育[M].北京:化学工业出版社,2006.

[19]周贤彪.大学体育与健康教程[M].武汉:湖北科学技术出版社,2006.

[20]顾飞卫.大学生体质健康评价及健康教育[M].杭州:浙江大学出版社,2013.

[21]曾红卒,谢谦梅,黄建国.大学生体质健康促进教程[M].北京:科学出版社,2012.

[22]郭文.大学生体质健康突出问题的现状、影响因素及其干预实验研究[M].杭州:浙江大学出版社,2012.

[23]张绍礼.青少年体质健康干预的研究[M].沈阳:东北大学出版社,2012.

[24]杨洪志.普通高等学校实施《国家学生体质健康标准》的理论与实践[M].北京:北京体育大学出版社,2012.

[25]教育部体育卫生与艺术教育司组织.国家学生体质健康标准锻炼手册[M].北京:人民教育出版社,2010.

[26]刘新,罗旭,张丽.大学生体质健康自评及其影响因素研究:以天津市大学生为例[M].成都体育学院学报,2010(01).

[27]马嵘,宁新辉.短时多次与持续长时运动对大学生体质健康影响的实验研究[M].吉林体育学院学报,2011(02).

[28]汪佑生，张贞. 高校体质弱势群体成因分析与对策研究[M]. 肇庆学院学报，2010(02).

[29]教育部. 国家学生体质健康标准[M]. 北京：中国法制出版社，2007.